——新课程背景下教师必备基本功系列——

小学实用课堂教学艺术

裴丹莹◎主编

李晓明　王　猛◎副主编

XIAOXUESHIYONGKETANG

JIAOXUEYISHU

吉林文史出版社

图书在版编目（CIP）数据

小学实用课堂教学艺术／裴丹莹主编. 一长春：
吉林文史出版社，2012. 11（2021.6重印）
（新课程背景下教师必备基本功系列）
ISBN 978－7－5472－1297－4

Ⅰ．①小… Ⅱ．①裴… Ⅲ．①课堂教学—教学
研究—小学 Ⅳ．①G622．421

中国版本图书馆 CIP 数据核字（2012）第 265845 号

XIAOXUE SHIYONG KETANG JIAOXUE YISHU

书　　　名：小学实用课堂教学艺术

主　　　编：裴丹莹
副 主 编：李晓明　王　猛
责任编辑：高冰若
封面设计：小徐书装
出版发行：吉林文史出版社
地　　　址：长春市福祉大路5788号
邮　　　编：130118
网　　　址：www.jlws.com.cn
印　　　刷：三河市燕春印务有限公司
开　　　本：710mm×1000mm　1/16
印　　　张：12.5
字　　　数：135 千字
版　　　次：2013 年 4 月第 1 版　 2021年 6 月第 3 次印刷

书　　　号：ISBN 978－7－5472－1297－4
定　　　价：39.80 元

目　录
CONTENTS

第一编
小学教师教学基本技能

　　小学教师教学基本技能是指与教学有关的基本技能。本篇从九个方面对教师基本技能进行了分项研究，每一方面的研究都用了大量的案例来说明问题，力求使教师们能通过这些教学案例提高自己的教学水平。

第一节　怎样设计教案

　　教案是教师上课时用的方案，教案编写的质量直接影响课堂教学的效果。教案的编写虽然因人而异，但大体上有一些固定的内容。教案编写一般包括下列内容：

　　课题：课题即所教内容的标题，它写在教案第一行正中的位置。

　　教学目标：教学目标的设计是根据课程标准的要求设定的。语文课程标准与数学课程标准的教学目标是有区别的。

　　教学重点和难点：教学重点和难点可以分项列出，也可以放在一起列出。教学重点的确立一般根据教学内容和教学目标设定。教学难点的确定既可以根据教学内容和教学目标，也可以根据学生已有的认知水平，还可以根据教师的教学经验确定。同样的教学内容在甲班可能是难点，在乙班未必是难点，教师在备课时，应充分了解学生的实际水平，灵活掌握教学的重点和难点。

　　课型：根据教学任务的种类划分课型。一节课完成两项以上的教学任务，叫综合课。一节课只完成单一的教学任务，叫单一课。根据讲课内容，也可以分为新授课和复习课、自学课或教读课等。

　　教学时数：教案的案头部分应该用简短的语言标明本篇课文所需要的教学时数。

　　教学方法：一节课只用一种教学方法的情况比较少，大多数是几种教学方法一起使用。这里所说的教学方法不仅包括教师的教法，也包括对学生的学法指导。

以上是教案设计的"案头"部分，它可以在固定的教案本上用表格的形式印刷出来，教师在相应的位置用简单的文字填写即可；也可以根据实际教学需要，选取其中的某几项。但课题和教学目标这两项是必不可少的。

教学过程：教学过程也可称为教学流程、教学步骤、教学程序。它是教师在课堂上讲课的具体内容，也是教案编写中篇幅最长的地方。有的教案为了醒目，也把教学过程分步骤列出来。教学过程的设计一定要便于使用。

练习设计：为了巩固所学的知识，并把知识转化为学习能力，在教案设计中一般应该设计相应的作业练习。

板书设计：板书设计可以写在教案相应部分的右侧空白处，也可以写在教案的最后。写在教案空白处的板书比较灵活，即时性好，但不够完整；写在教案最后的板书，由于比较集中，能看出一节课板书的全貌。

一、语文教案选

《风》教案

（长春版　五年级上册）

【教学目标】

知识和能力：理解课文内容，培养学生有感情地朗读课文的能力。

过程和方法：通过问答讨论，深入体会文中的感情。

情感态度和价值观：通过理解课文内容，了解父子之间血浓于水的深情。

【教学重点】 有感情地朗读课文，在朗读中体会文中的情感。

【教学难点】 通过课文质朴的语言，引导学生体会父子之间的浓浓亲情。

【课时安排】 两课时

【教学过程】

第一课时

一、导入新课

母爱的伟大和浓烈往往使我们忽略了父爱的存在和意义，但对于许多人来说，父爱一直以特有的沉静的方式影响着他们。父爱羞于表达、疏于张扬，却巍峨持重。所以我们常说，父爱如山。今天就让我们一起来学习一篇关于父爱的文章——《风》。

二、整体感知

1.通读课文，遇到生字查字典，了解字音字义。

2.说说你从课文中了解了什么？

3.检查整体感知情况，指名分节朗读课文，正音。

三、汇报交流，检查预习

1. 检查学生预习时对课文理解的情况。

2. 由学生提出阅读时遇到的问题，师生交流解答。

3. 自由读课文，要求朗读正确、流利；找出不理解的地方，并联系上下文内容多读几遍，自读，自悟。

4. 学习生字，解决字、词、句问题。

① 读准下面的词语：苍茫　热烘烘　一辈子　呼啸　愣愣地　分外

② 解说下面词语的意思：苍茫　慢慢悠悠　呼啸　虚构　迷迷茫茫　情绪　空荡荡

四、再读课文，整体感知

1. 课文的标题是"风"，文中出现了几次"风"呢？请找出来，这样写的目的是什么？

① 风很大，草就很低地伏着，身子却透出一股热劲来。

② 一个又一个北风呼啸雪花飘飞的冬天。

③ 在一个刮着风又纷纷扬扬飘着大雪的日子里。

④ 风很尖锐地呼叫着，把漫天的雪搅得迷迷茫茫。

明确：作者这样写的目的是为了烘托出父子之间的浓浓的深情，烘托出父子深情使他们抵御了寒风，把贫寒的日子过得暖烘烘的情景。

2. 带着你的感受，朗读上面的句子。

3. 朗读全文，结束第一节课。

第二课时

一、复习导入，复述故事

1. 板书课题，学生读题。

2. 复习生字。

3. 请用简洁的话语概括这个故事。

明确：文中讲述了父子俩相依为命地生存的故事，是一个热水壶陪伴着他们度过了一个又一个寒冷的冬天。

4. 这是一只怎样的热水壶？

看课文的4、5段，从质地、图案、时间几个方面寻找答案。

二、走进文本，体会情感

1. 在父子的心中，这个热水壶的分量怎么样？从哪里可以看出来？

明确：父亲和儿子把这壶看得很重。因为这是一对很贫穷的父子。文中第二段说日子很贫寒，好在有一个热水壶，可见他们家很贫穷。还有壶的图案很简单，简单得和这个家一样，从这里也可以看出这个家是很贫困的。然

而就是在这样一个贫困的家庭中，有一次，一个人看了这壶，愿意拿出很多很多钱买它。这钱数目很大，是父亲的一辈子再加上儿子的一辈子也挣不来的。他们却不愿卖，可见这个壶对于他们来说是意义重大的。

2. 在这个热水壶上，记载了父亲和儿子的哪些故事？

① 第3自然段，依次说出三个"热烘烘"各自的含义。

▲ 儿子的被窝被热水捂热。

▲ 父亲内心的欣慰感。

▲ 贫寒的日子因父亲对儿子深厚的爱而充满生机。

设想一下，那是在什么情形之下发生的一个怎样的故事？父子之间还会有什么样的交流？反复阅读本段。

② 5、6自然段，为什么父子俩都不愿意把热水壶卖掉？父子俩是怎样度过了一个又一个北风呼啸、雪花飘飞的冬天的？

明确：热水壶是父子深情的象征（见证物），父子都珍爱这份深情。他们相依为命度过了一个又一个寒冬。

③ 第8段，儿子做出了一个怎样的举动？面对儿子的举动，父亲心里是怎样想的？

④ 第15段，"父亲心里就涌起了一种情绪"句中的"情绪"是怎样的一种情绪？

明确：父亲为"那些曾经在自己身上流过的血已经真正流进儿子的血管"而感到欣慰幸福的情绪。

⑤ 父亲说"我不怕，再大我也不怕"这句话什么意思？

⑥ 倒数第二段，为什么儿子看见雪光将父亲的笑染得格外灿烂？本句哪个字用的好？

明确："染"字用的好。因为他知道自己的肩膀可以为父亲撑起一个温暖的港湾。

⑦ 最后一段，父亲说"我不怕，再大我也不怕"，分析父亲说这句话时的内心活动。

明确：有了儿子的爱，什么艰难困苦都能够度过。

三、深入探讨，体会主题

这篇文章讲述的是父子之间的一个热水壶的故事，为什么题目还要叫作"风"呢？

因为在寒风中，更能体会到热水壶存在的价值。正是天气的寒冷，风的大，才更衬托出父子之间的浓浓亲情。

四、拓展延伸，发散思维

讨论：文中的那个热水壶还仅仅是一个普通的热水壶吗？

五、总结谈话，梳理感受

1. 用一句话谈谈学完了这一课的感受。

2. 质疑。

3. 结束语。

明确：见过有钱的父亲，孩子要什么他就会给什么，那是一种富贵的溺爱。但这位贫穷的父亲更让我感动，他没有能力让自己的孩子有更多的物质享受，只能用冬日里热烘烘的热水壶，用自己的方式给予孩子父爱，而孩子在父爱的包围下一天天长大，长大后的他用自己的爱给予了父亲冬日里最灿烂的笑容，父与子的爱，在平淡中诠释着人间最真的情。

六、作业设计

看到了这个热水壶，你想到了什么？把你想到的写下来。

七、板书设计

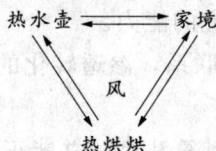

【点评】

教案编写的最主要内容是教学目标和教学过程。

教学目标是按照国家的教育方针，根据学生的身心发展规律制定的本节课的教学任务和内容。语文教学目标要从知识和能力、过程和方法、情感态度和价值观三个维度进行设计。其中知识与能力目标比较具体明确，便于操作和评价。如本教案中的知识和能力目标是："理解课文内容，培养学生有感情地朗读课文的能力。"情感态度和价值观目标是："通过理解课文内容，了解父子之间血浓于水的深情。"这两个维度的教学目标在表述上都比较具体、明确，教师容易掌握。但是拓展不够，还应该把这种父子深情延伸到每位学生的心中，使全体学生通过本课的学习能体会到自己与父亲之间浓浓的亲情。至于"过程和方法"目标，在理解上歧义比较大，它主要指通过什么样的教学过程，使用什么样的教学方法达到三维目标的最终实现。本教案的过程与方法目标是："通过问答讨论，深入体会文中的感情。"这个教学目标的设计明确了使用问答和讨论的教学方法，但对教学过程的表述不够明确。

教学过程是指教学的实施过程，教学过程一定要为达成教学目标而设计。《风》这节课用了两课时，其中第一课时的教学过程有四个步骤，在第一课时完

成了教学目标中"理解课文内容"的任务，但对"培养学生有感情地朗读课文的能力"关注得不够，没有留出充分的时间指导学生朗读，因而学生朗读能力的培养没有充分落实。第二节课的教学过程分为六步，使用问答和讨论的方法对课文反复梳理，"深入体会文中的感情"，完成了"通过理解课文内容，了解父子之间血浓于水的深情"的教学目标，也较好地完成了本节课预定的教学目标。

二、 数学教案选

《折纸》教案

（北师大版 五年级上册）

【教学目标】

1. 使学生理解异分母分数加减法必须先通分的道理，掌握异分母分数加减法的计算法则。

2. 使学生能正确计算异分母分数加减法，培养学生提出问题、分析问题、解决问题的能力和合作探究的能力。

3. 使学生感受数学之间的联系，渗透转化的数学思想。

【教学重点】

掌握异分母分数加减法的计算法则，并能正确计算。

【教学难点】

理解异分母分数加减法必须先通分的道理（算理）。

【教具准备】

$\frac{1}{2}$ 圆、$\frac{1}{3}$ 圆、$\frac{1}{5}$ 圆、$\frac{2}{5}$ 圆、$\frac{3}{5}$ 圆、$\frac{2}{6}$ 圆、$\frac{3}{6}$ 圆、$\frac{5}{6}$ 圆各一张。

【教学过程】

一、创设情境

（幻灯片出示"我和比萨有个约会"party）。在这次 party 中，把同样大小的比萨饼切成三种形状：（出示大屏幕）

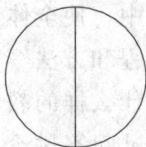

| 小亮(男) 吃了这样的一份 | 小刚(男) 吃了这样的一份 | 小红(女) 吃了这样的两份 | 小丽(女) 吃了这样的一份 |

给学生提出两个数学问题：

1. 两个女同学共吃了几张比萨饼？

2. 两个男同学共吃了几张比萨饼？

让学生在下面演算这两个问题，然后找两名同学到黑板演算：

1. 小红和小丽共吃了：$\frac{2}{5}+\frac{1}{5}=\frac{3}{5}$（张）　✓

2. 小亮和小刚共吃了：$\frac{1}{2}+\frac{1}{3}=\frac{2}{5}$（张）　✗　（故意找一个算错的同学）

二、讨论

$\frac{1}{2}+\frac{1}{3}=\frac{2}{5}$ $\begin{cases} 是否错？ \\ 为什么错？ \end{cases}$

得出结论：分母不同的分数不能直接相加。

提出问题：分母不同的分数就不能计算出结果了？

三、小组合作探究

提供学具：

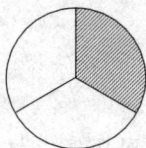

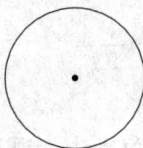

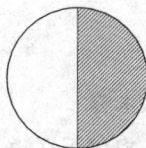

探究主题：$\frac{1}{2}$ 和 $\frac{1}{3}$ 怎样才能相加？

四、学生汇报

结合学具说明计算 $\frac{1}{2}$ 与 $\frac{1}{3}$ 的和的方法。

五、尝试和巩固新探究的方法

$\frac{1}{2}+\frac{1}{4}$（分数单位）

$\frac{3}{4}+\frac{3}{8}$（结果是假分数要化成带分数）

$\frac{1}{10}+\frac{2}{5}$（结果要约成最简）

六、总结异分母分数加法的计算方法

分母不同的分数相加，要先通分，化成相同的分母，再相加。

七、由加法的计算方法直接迁移到减法，让学生自己尝试解决异分母分数减法问题

$$\frac{1}{2}-\frac{1}{3}=\qquad\qquad\frac{2}{3}-\frac{1}{6}=$$

八、总结异分母分数减法的计算方法，并将加减法计算方法合二为一

明确：分母不同的分数相减，要先通分，化成相同的分母，再相减。

教师此时引导学生将异分母分数加减法的法则整合并简单化。不必拘泥于课本上的计算法则，只要表达清楚，易于理解及记忆，就应给予肯定。

九、巧算提升

$$\frac{1}{3}+\frac{1}{4}=\qquad\qquad\frac{1}{3}-\frac{1}{4}=$$

$$\frac{1}{2}+\frac{1}{5}=\qquad\qquad\frac{1}{2}-\frac{1}{5}=$$

$$\frac{1}{7}+\frac{1}{8}=$$

$$\text{————口算}\qquad\qquad\frac{1}{7}-\frac{1}{8}=$$

$$\text{————口算}$$

$$\frac{1}{3}+\frac{1}{5}=\qquad\qquad\frac{1}{3}-\frac{1}{5}=$$

$$\frac{1}{4}+\frac{1}{9}=\qquad\qquad\frac{1}{4}-\frac{1}{9}=$$

十、总结本课

本节课我们学习了异分母分数的加减法，通过大家的共同探究，把异分母'转化'成同分母分数，再进行加减，就轻松地解决了这类问题。

十一、作业

将异分母分数加减法计算方法的探究过程讲给你的爸爸妈妈听，并请他们出四道笔算题及四道口算题作为检验。

十二、板书

教具（三个五分圆，并相应涂色）

分母相同：$\frac{2}{5}+\frac{1}{5}=\frac{3}{5}$（张）　✓

分母不同：$\frac{1}{2}+\frac{1}{3}=\frac{2}{5}$（张）　✗（故意找一个错的同学）

相加：$\frac{1}{2}+\frac{1}{4}=\qquad\qquad\frac{1}{10}+\frac{2}{5}=$

相减：$\frac{1}{2}-\frac{1}{3}=\qquad\qquad\frac{2}{3}-\frac{1}{6}=$

【点评】

小学数学教学目标是从知识技能、数学思考、问题解决、情感态度四个方面设计的。本教案把这四个教学目标合并为三个，其中的知识技能是掌握异分母分数相加必须先通分的道理，并由加法的法则向减法的法则迁移，引发学生的数学思考。问题的解决是由学生通过亲自动手演算，再经过教师分析完成的。情感态度目标是使学生感受数学之间的联系，渗透由加法向减法转化的数学思想。

这节课的教学过程设计有四个亮点：一是通过创设吃比萨饼的情境把抽象的数学形象化，引发学生的学习兴趣；二是故意找一个做错的同学为例，引起学生的注意；三是通过小组合作探究的学习方式，充分调动全体学生积极思考问题；四是把异分母分数相加的法则迁移到减法的法则，培养了学生举一反三的能力。

本节以语文和数学两个教案为例说明怎样编写教案。这里提供的只是技术层面的东西，目的是让教师们了解教案编写的形式。在实际的教学工作中，应该是在充分解读课程标准、认真钻研教材并了解学生的学习习惯、学习兴趣和已有的知识储备后，才能进行教案的编写，这样写出来的教案才更有针对性，更适应教学需要。

第二节 怎样设计导语

导语是教师上课伊始的开场白，也有人称之为引言。导语的作用在于调动学生的注意力，开启学生思维，激发学习兴趣，引发情感上的共鸣和强烈的求知欲望，同时缓解学生的紧张心理，拉近师生间的距离，从而使教师能顺利地带领学生完成课堂的教学任务。

教师在导语的设计上通常要遵循以下几个原则：第一，设计导语时要注意对知识的拓展，做到把新旧知识、课内外知识融入导语之中；第二，导语的设计要有启发性，要能够引导和锻炼学生的思维，让导语成为学生进入学习状态之前的"思维体操"；第三，导语的设计要能够激发学生情感，创造与课程内容相符合的情境，并且带领学生置身其中；最后，一个成功的导语一定要能引起学生的学习兴趣，"兴趣是最好的老师"，对课堂内容浓厚的兴趣可以让学生在接下来的教学环节中做到真正的投入。导语的类型很多，下面列举几个例子。

一、复习导入

复习导入指教师采用新旧知识相连接的方法，通过复习学过的旧知识，自然地导入新课的开讲方法。

案例一

<table>
<tr><td>

《赤壁之战》教学实录节选

（延教版 五年级下册）

师：今天继续学习第16课《赤壁之战》。我们已经学习了两课时，谁能来说说这是一场什么样的战争？

生1：赤壁之战是一场以少胜多的著名战役。

生2：在赤壁之战中，东吴的周瑜和黄盖以3万兵力智对曹操80万大军，在兵力悬殊的情况下，黄盖巧献计策，最终战胜曹操。

生3：由于黄盖的火攻妙计，诱使狂妄自负的曹操中计，周瑜才在这场战争中取胜。

师：都说得非常好。火攻是这场战争制胜的关键因素，火攻又分了哪几步呢？

生：第一步，由黄盖写信，向曹操假投降；第二步，选择刮东南风的一天，在船上装上引火的材料，驶向曹营；第三步，在船将要接近曹营时，黄盖下令点火，火船冲进曹营，火光冲天；第四步，周瑜带兵追杀曹军，最后战败的曹操从华容道逃跑。

师：好！还可以将这几步用"首先……接着……再……最后……"来连接。

首先，由黄盖写信，向曹操假投降；

接着，选择刮东南风的一天，在船上装上引火材料，驶向曹营；

再等船将要接近曹营时，黄盖下令点火，火船冲进曹营，火光冲天；

最后，由周瑜带兵追杀曹军，曹操从华容道逃跑。

师：好，大家已经掌握了这个句式，我们接着学习下面的内容。

</td><td>

从复习前两节课的内容入手，导入新课的学习。

学生的发言很踊跃，对前面学过的知识掌握得很好。

教师及时进行总结，把学生引入有条理的思维，体现层层深入的要求。

在学生有条理的发言后，再转入关联词语的使用，培养学生的语言表达能力。

转入新课学习。

</td></tr>
</table>

【点评】

在这段导语中，教师引导学生通过对前两节课内容的复习，自然过渡到本节课的学习内容。在复习旧知识时，学生的发言踊跃，但较零散，教师通过"火攻是这场战争制胜的关键因素，火攻又分了哪几步呢"的追问，使学生的思维迅速

条理化，在此基础上练习"首先……接着……再……最后……"的句式，学生便能顺利地学会这个句式。整个导语显得连贯、自然。

二、随机导入

随机导入是指教师在课堂上找出一个随机导入新课的切入点，再由这一切入点向深处挖掘，由此激发学生的思维，把握课程内容的关键，为进一步拓展整堂课的纵深度做好准备。随机导入要求教师能抓住课堂上适于随机导入的机会，灵活变通。

✐ 案例二

《我了解的一个人》课堂实录 （长春版 四年级下册） 师：你们认识后面听课的老师吗？ 生：（纷纷回头）认识！梁老师好，李老师，宋老师…… 师：原来你认识宋老师，那你了解他吗？ 生：不了解。 师：看来认识并不等于了解。（板书：了解）什么是了解呢？ 生：就是对那个人知道得很多，对他的习性（师生笑了起来）……不是习性，是对他的习惯知道得很多，知道他是什么性格。 师：说的真好。你了解谁？（板书：我了解的一个人） 生：我最了解咱班同学高原。 师：哦，你最了解的人是学校里的同学。 生：我最了解我的妈妈。 师：家里的亲人。 生：我最了解我的妹妹。 师：亲妹妹吗？ 生：不是，是我小姨家的孩子。 师：我们管姨家的舅家的孩子叫表姐妹、表兄弟。 生：我最了解我小弟。 师：谁家的孩子？	以现场听课老师为随机导入的切入点，集中学生的注意力，激起学生兴趣。 巧妙而有效地区分"了解"与"认识"。 在每一位同学作答之后都进行了有效的分析，把答案归类，为课堂往下进行做好了铺垫。

生：我叔的儿子。	帮助学生理清不同亲戚的称呼，把生活常识自然地引入课堂。
师：我们管叔叔、大伯家的孩子叫堂兄弟、堂姐妹。	
生：我最了解我爸爸，亲爸爸。（师生笑了起来）	
师：不是养父。	
生：我最了解我爷爷。	
师：老人。	
生：我最了解我的表姐。	
师：我们很多同学了解的人是自己的亲属。我们看亲属有哪些呢？（出示幻灯片）爸爸方面的亲属有——	把学生生活中了解的人物总结归纳，清晰呈现，为下一步的教学做好铺垫，也为学生的选材打开思路。
生：爸爸、爷爷、奶奶、姑姑、姑父、伯父、伯母、叔叔、婶婶、堂兄弟、堂姐妹……	
师：妈妈方面的亲属有——	
生：妈妈、姥姥、姥爷、姨、姨父、舅舅、舅妈、表兄弟、表姐妹……	
师：刚才有同学说的不是亲属，是学校的——	
生：同学、老师、邻居、叔叔阿姨（父母的朋友同事）。	

【点评】

这是一节作文课。教师并没有在课堂伊始简单地直接给出作文的命题，而是把在后排听课的教师作为切入点，谈到"了解"与"认识"的区别，引导学生审题，开拓思路，选择材料。

三、悬念导入

悬念作为一种学习的心理机制，能激发学生探索的兴趣，同时也能激发学生内在的潜能。悬念导入指教师一上课就设置悬念，让学生在脑海中猜测老师设计的答案，在了解相关内容之后，对老师未解决的问题产生未完成感和不满足感，从而产生探求问题原因的强烈欲望。

案例三

《西门豹》课堂实录	
（长春版 五年级下册）	
师：经过上节课的学习，看来同学们都已经明白了"邺"这个地方连年遭灾的真相，西门豹明白了吗？	设置具有思辨性的问题，既

生：明白了。 师：造成"邺"田地荒芜、人烟稀少的原因找到了，那该怎么办呢？我们做这样一个假设，假如当初魏王派往邺的不是西门豹，而是其他官员，该官员也知道了事情的真相，他会怎么说，怎么做？ 生：如果他是贪官的话，也会与巫婆、官绅一起骗老百姓的钱。 生：我想他可能会派兵把巫婆、官绅抓起来杀了。 师：西门豹派兵把巫婆、官绅抓起来不就行了嘛？西门豹是这样做的吗？西门豹为什么不这么做呢？你觉得西门豹的做法巧妙在哪里？	结合课文又跳出了课文，有助学生积极思考。 点出了研究性学习的问题。

【点评】

教师在这段导语中首先假设了"如果派来的不是西门豹，会怎么样"的悬念之后自然地引出"西门豹为什么不干脆把巫婆、官绅抓起来，他的做法又巧妙在哪里"的问题，通过这样的悬念设置，让学生发挥自己的想象力，各抒已见，有效调动学生的学习热情。

四、图片导入

图片导入作为一种简单直观的常用导入方式，其优势在于能在课堂上直接给学生以视觉上的冲击，调动学生的感性认识。教师通过展示经过挑选的恰当的图片，可以使学生更贴切、更深入地领会整堂课的主题。

🖊 **案例四**

《五彩池》教学实录 （上海版 四年级） 师：同学们，暑假刚刚结束，有些同学们到各地去旅游，带回来好多照片。大家想看看吗？ 生：想。 师：我们一起来看。（播放同学暑假出游的照片） 师：（照片上）每一个人都是神采飞扬。看来，置身于大自然中的确能给人带来愉悦的享受。那么今天我们就一起来继续感觉四川省黄龙寺九寨沟的迷人风光，好不好？ 生：好。	由同学暑期旅游的图片导入课文的学习，集中同学的注意力，调动其学习兴趣。 对图片所反映的内容进行简单总结，点出主题。

【点评】

语文教学需要形象思维，小学生对具体的形象的东西容易理解和接受。本课使用了图片导入的方法。教师用多媒体展示暑期学生旅游的照片，激发了学生对学习新课的兴趣，同时也拉近了学生与教师的距离，创造了良好的互动空间。

五、设障碍导入

设障碍导入的方法是针对学生在学习过程中容易发生的错误，适时巧妙地设置一个小"陷阱"，布下了一个"障碍"，诱发学生产生错误，然后通过讨论、分析或自我"反省"，使学生运用分析能力自主纠正错误。设障碍并跨越障碍需要学生动脑思考问题，因此这种导入的方法很容易引起学生的学习兴趣。

案例五

《左右》课堂实录	
（人教版　小学数学一年级下册）	
师生同唱儿歌："我伸出右手去，我收回右手来，我伸出右手摇一摇，右手收回来。我伸出左手去，我收回左手来，我伸出左手摇一摇，左手收回来。我伸出双手去，我收回双手来，我伸出双手摇一摇，双手收回来。"	低年段学生的注意力难以集中，唱儿歌可以很好地把学生从课间游戏的兴奋中拉回来，把注意力投向课堂。
师：再唱一遍，（老师转身和同学面对面，和着节奏说）我伸出右手去，不要收回来！（生讶然，继而哈哈大笑，都伸着右手不动）	
师：全体请坐，别把手收回来啊！你们伸出的是哪只手啊？	
生：右手。	
师：老师伸的是哪只手？	从儿歌中提出问题，引起学生的好奇心，激起探究问题的兴趣。
生1：左手。	
生2：不是左手，是右手！	
师：到底是哪只手？	
生：右手！	
师：确定吗？	纠正错误，给出明确答案，引导学生进入新知识的学习。
生：确定！	
师：那么老师和同学们伸出的都是右手，为什么方向却不一样呢？今天我们就一起来了解"左右"。	

【点评】

俗话说："吃一堑，长一智。"在这堂课的教学中，教师采用了设障碍导入的方法。在导入所要学习的"左右"内容时，通过学生熟悉的儿歌提出问题，利用"左右"这一知识的特点，在导入中预先设下小障碍，不仅让学生更主动地接受新知识，而且能使学生对所学知识印象深刻，同时在活动中增加了学生的学习兴趣。

六、 实物导入

实物导入是指让学生通过观察实物导入新课的导语设计方法。学生的动手实践可以使他们集中精力、对新课产生兴趣，更可以让学生从课堂走进生活，体验生活，为教学内容的学习积累感情基础。

案例六

《认识图形》课堂实录

（北师大版 小学数学一年级下册）

（上课前在每个小组桌面上摆放一些实物。如：牙膏盒、积木、魔方、七巧板、印章、易拉罐等物品）

师：请同学们观察一下，你们的桌子上有哪些形状的物体？

生：正方体、长方体、三棱柱、圆柱体。

师：看到这些物体，你想到了什么？

生：我想到了大豆腐。

生：我想到了装电脑的纸箱子。

生：我想到了工艺品。

生：我想到了北京人民大会堂前的圆形柱子。

师：动手摸一摸这些物体，你体会到了什么？说给同桌听听，然后向大家描述。

> 从具体的实物入手，导入到抽象的图形概念。从感性认识上升到理性认识是认识的一般规律。
>
> 再从抽象的概念联想到实物。
>
> "摸"实物，再次感受图形。

【点评】

实物导入法灵活运用教材，从学生熟悉的实物入手，通过动手摸一摸，让学生在交流体会中充分地感知抽象的图形，使学生初步建立感性认识。在课的一开始就让学生感受到数学与生活的紧密联系。

七、 故事导入

故事导入是指教师在备课时准备好与所学内容有关联的故事，把讲故事作为导语，激发学生的兴趣，然后导入新课的学习。

案例七

《角的分类》课堂实录

(人教版 小学数学五年级)

师：老师今天要给同学们讲《乌鸦和狐狸的故事》。（教师拿出七巧板教具）

师：一只乌鸦好不容易找到一块奶酪，刚刚停在树上准备美餐一顿。

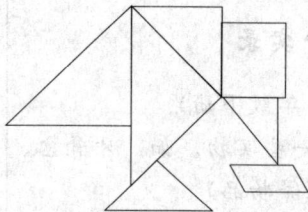

师：树下跑来了一只狐狸，看见乌鸦叨着的奶酪垂涎三尺。怎么能得到这块奶酪呢？

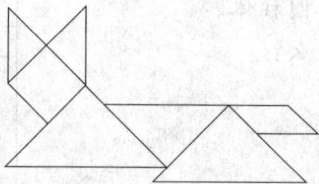

师：狐狸对乌鸦说："乌鸦小姐，听说你的声音非常美妙，请你唱支歌给我听好吗？"

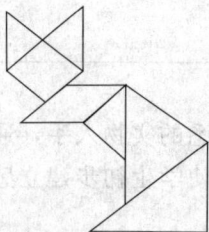

师：乌鸦非常得意，就张开大嘴唱起歌来，奶酪自然就

在数学课上讲故事，既吸引了学生的注意力，也激起了学生的兴趣。

配合七巧板的演示，教师讲了一个传统的故事。由于学生对故事比较熟悉，因此注意力和好奇心就都集中在教师演示的七巧板拼图上，最大程度地发挥了演示和教具的作用。

掉了下去。狐狸赶忙紧紧叼起奶酪跑开了。

故事、演示和教具共同作用，多头并举。

师：在这个故事里的乌鸦和狐狸是由什么拼成的啊？

生：七巧板。

师：没错，七巧板里的图形都是同学们熟悉的图形，你能用七巧板摆一个你认为最棒的图形吗？下面我们就分小组大家合作动手摆一摆。（生动手摆七巧板）

师：同学们摆了这么多有创意的图形，这些图形里都有哪些不同的角呢？请同学们把自己找到的不同的角画出来。（生动手画角）

师：我们找到这么多形状不一的角，能不能给这些角各取一个名字，让同学们一下子就能分辨出它是哪种角。（生七嘴八舌）

师：好，今天我们就根据角的度数来给角分类。

让学生动手操作七巧板，引出下面将要学习的"角的分类"，把抽象的概念具体化，便于学生理解，加深印象。

【点评】

学生都会对有趣的事物给予优先注意，并积极地探索，心向往之。小学生年幼好动，自制力不足，无意注意强于有意注意。教师要针对学生思维的特点，想办法吸引学生的注意力。这则导语就在讲授"角的分类"之前，以故事结合教师演示七巧板拼图的方法来吸引学生的注意，激起他们的好奇心，激发学生的学习兴趣，使全体学生的注意力迅速"到位"，从而在上课伊始形成明确的探索目标和正确的思维方向。

八、　归纳导入

归纳导入通常是先举例子，再对例子进行分类归纳，用以总结某种规律。归纳导入不但有助于加深学生对抽象概念的认识，也有利于培养学生独立观察、发现和总结规律的能力。

案例八

<table>
<tr>
<td>

《找规律》教学实录

（人教版　小学数学一年级）

师：老师有两道记忆题考考你们，请用很短的时间看一幅图，然后按顺序说出图上画的是什么？（出示第一题）

生：一个大圆、一个小圆，一个大圆、一个小圆，重复出现。

师：你记得真好。（出示第二题，上面是一些无规律排列的杂乱图形。）

师：看第二组图，谁能说一说画的是什么？

生：没记住。

师：第一题你们记得很好，为什么第二题却记不住了？难道是我们的记忆力出了问题了？

生：不是，因为第一幅图是大圆、小圆重复出现的，所以好记忆，而第二幅图的图形不是重复出现的，所以不好记忆。

师：第一幅图大圆、小圆重复出现，像这样一组按顺序重复出现的事物，我们就说它是有规律。有规律的事物不仅好记忆，还有很多的优点。生活中好多的事物都是有规律的，今天我们就一起来"找规律"。（板书课题）

</td>
<td>

设置看图的活动，引起学生注意。

通过比较，明白有规律的东西比无规律的东西容易记住。直观引导产生明确印象。

适时总结，进入本节课的学习。

</td>
</tr>
</table>

【点评】

"规律"是一个比较抽象的概念，学生不容易理解。教师通过一个形象的演示，把有规律和无规律的图形排列放在一起对比，归纳出"当事物重复出现的时候就是有规律的"这一概念，为进一步找规律做好了铺垫。

本节列举了八种导入的方法，其实导语设计的方法远不只这些，如猜谜语法、作者介绍法、写作背景介绍法、讨论法等等，也是一些设计导语的好方法，只要用得恰当，同样会收到很好的教学效果。不管如何设计导语，都要结合教材的实际和学生的实际，遵循知识性、启发性、激发情感和趣味性的原则，目的是在于激发学生学习的积极性和主动性，提高学生学习的效果和质量，从而为获取省时高效的优化教学效果奠定坚实的基础。

第三节　怎样设计提问

提问是课堂教学常用的方法。提问或用于师生交流，或用于推动教学活动的进程，或用于激发学生兴趣，它对培养学生的语文能力和发展学生的思维能力有积极的意义。作为语文教学的基本要求，听、说、读、写的训练必须贯彻始终，"提问"就体现了听、说、读的能力训练要求。教师提问，学生就要思考，就要回答，就要动脑、动口、动手，这就改变了学生只是消极被动地接受知识的局面，有利于调动学生学习的主动性和积极性。在小学语文课堂教学中，要摒弃满堂灌的做法，更要重视提问对启发学生主动思维的作用。

提问可以在课堂教学的全过程中使用，但是在不同的教学环节要使用不同的提问方式，我们根据提问在各个教学环节中的作用，把提问分为以下几种类型并分别举例说明。

一、索因性提问

为了让学生在学习课文时对某些知识点知其然又知其所以然，老师就需要在课堂上多问几个"为什么"，要引导学生从结论出发，去探索得出结论的原因，所以索因提问多用于精读课文时，而且对于难度较大的问题，教师应逐层设置提问，为整体的理解铺下"垫脚石"。

案例一

《走遍天下书为侣》课堂实录	
（人教版　五年级上册） 师：这节课我们继续学习第三课，请大家齐读课题。 生：走遍天下书为侣。 师：这篇课文主要讲了什么内容？ 生：课文主要写了作者独自驾舟环游世界旅行只带一本书的理由和他读书的方法。 师：嗯，非常棒。现在请大家看大屏幕。谁能读一读第一个问题？ 生：作者选择一本书陪伴自己旅行的理由是什么？ 师：作者选择一本书陪伴自己旅行的理由是什么？课文	对上节课的内容进行回顾，帮助学生理清文章脉络，为深入理解课文奠定了基础。

哪几个段落写了这个内容呢?

生:课文的5、6自然段。

师:现在请同学们自读这两段,划出你认为能说明理由的语句,想一想,作者选择带一本书的理由究竟是什么?

生:"你不会因为以前见过你的朋友就不愿再见到他们了吧?你不会因为熟悉家中的一切就弃家而去吧?你喜爱书就像一个朋友,就像你的家。"这里把作者喜爱的书比喻成了朋友,比喻成了他的家。从这里可以看出作者对书的喜爱。

师:仅仅就是因为喜爱书吗?课文的开头已经说了,假如独自驾舟旅行只能带一样东西,那他只能带一本书啊,可不能带许多本。除了喜爱还有别的原因吗?

生:"你已经见过朋友一百次了,可第一百零一次再见面时,你还会说:'真想不到你懂这个!'你每天都回家,可不管过了多少年,你还会说:'我怎么没注意过,灯光照着那个角落,光线怎么那么美!'"从这里可以看出来,不管一本书你看了多少次,你总能发现里面有新的东西。

师:啊,她从这句话理解出了这一点,非常好。作者叙述时是直接描写的书吗?他描写了什么呀?

生:朋友和家。

师:那么写朋友和家怎么就和带一本书有关系了呢?谁来说说看?

生:因为朋友是你身边最重要的人,你不会因为看到过他很多次就不想再见到他,家也是很重要的。作者这样写的原因是我们要把书看成是朋友和家,要像对待朋友和家一样对待书。

师:朋友和家,我们可能天天见,但我们总能从朋友和家里面发现新的东西。作者就把书比喻成了什么?

生:朋友和家。

师:作者就用这种常见的事物来作比喻,生动而巧妙地说明了带一本书旅行的理由,也说明了书就像朋友和家一样百看不厌,常读常新,理解了吗?

生:理解了。

点明提问的主题。

对学生没有说到的地方加以引导,让同学完整地回答问题就是有意识地训练他们的语言表达能力。

课堂讨论体现了以学生为主体的理念。

教师在解答的时候,对于学生回答中出现的问题,不是急于给出自己的评价,而是给出建议,引导其继续思考,探究文本的中心。

师：那么我们再看，课文当中有一句话，直接就写了带一本书旅行的理由，谁能找到？	把答案落实到文本中，并让学生结合自身的体验谈自己的看法，使学生之间得以相互交流，相互启发，相互补充，从而取得了较好的教学效果。
生："你总能从一本书中发现新东西，不管你看过多少遍。"	
师：能不能用自己的话说说你对它的理解呀？	
生：你即使看过这本书一百遍，一千遍，但是如果你再看一遍就会发现你以前没有发现的东西。	
师：所以他要选择带一本书去旅行。那老师想问问，你有没有过这样的经历呢，一本书读好几遍的时候。哦，还真有。那我们再想想，我们平时学的课文，恐怕也读过不止一遍吧，那你每次读的时候又都有什么不同的感受和收获呢？谁愿意说说。	
（生分享读书心得）	
师：还真是"旧书不厌百回读"，一本书，多读的话总有新的收获。谁来有感情地读一下第六自然段这句话？（生读，其他人点评）	
师：理解了作者带一本书旅行的理由，我们再重新读一遍第5、6自然段，也可以找自己感兴趣的句子来读。	再读课文锻炼学生的朗读能力。

【点评】

课堂提问要由浅入深，由易到难，由具体到抽象，有层次，有梯度，不能一开始就把学生问倒。本案例中教师对问题的设计就很有层次性，她把教学难点分成了容易理解的小问题，层层深入，逐步引出正确答案。这种环环相扣的提问，不但调动了学生学习的积极性，又化解了教学重难点。在候答的过程中，教师的指导不但可以让教师及时了解学生的学习情况，而且能激发学生的学习情绪。在理答的部分，教师对于学生回答中出现的问题，并没有急于公布正确答案，而是在学生回答的基础上，从中找出关键处进行再提问，同时给出自己的建议，引导学生深入探究文章的中心。本案例中的教师还有一点做得较好，那就是让学生结合自己的生活体验进行交流，促进了共同发展。

二、 评价性提问

评价性提问是教师根据课堂教学的实际需要设置问题，引起学生的评价欲望。评价性提问的内容可以评价人物的特点、作品的写作特色，也可以评价课文优美的语言等等，其目的在于活跃学生的思维，深入理解作品的内容。

🖊 案例二

《美丽的草原我的家》课堂实录

（长春版 三年级下册）

师：下面请一名同学读课文，其他同学要一边听一边想：作者描写草原的美丽抓住了哪些事物？（生读课文）

生：作者写了绿草、花朵、彩蝶、清水。

生：作者还写了小鸟、马、牛、羊。

生：作者还写了牧民和他们住的毡包。

师：大家说得对，看来大家对文章理解体会得很好。作者是怎样写的呢？下面请大家自己默读课文，把笔拿出来，轻轻画一画：你喜欢哪种事物就划哪种事物，你认为哪句写得美就划哪一句。

（生默读课文，用笔在书上划词句）

师：划完的同学前后桌进行研究讨论：结合课前的预习，交流一下学习的体会：你认为哪句写得好、写得美就讲哪一句或者读哪一句。

生：我认为第一句话写得美。从"绿草"这个词能看出草原上的草长得非常好，十分美丽。

生：我来补充，我是从"遍地"一词看出来的，"遍地"就是整个草原上都是花朵，那是多么漂亮，多么美呀！

师：是呀，在绿绿的草地上盛开着那么多五颜六色的花，是多么的漂亮，你们能把这种美读出来吗？（生读课文，指三名同学读）

师：读得很有感情。你还认为课文中哪写得好？

生：我认为第二句写得好，写得美。读了这句话，我知道有那么多的蝴蝶在飞舞，那么多的小鸟在唱歌，草原上多美啊！

生：我认为"一湾碧水映晚霞"这句写得更美，小河弯弯，河水清清，映着红红的晚霞，是多美丽啊！

让学生带着问题听别人读课文，既解决了问题，又避免了学生耳听心不听的现象。

划自己喜欢的事物和句子，体现了个性化阅读。

让学生自由发言充分调动了学生参与听说活动的积极性，发挥了他们的主体作用，这对理解文意有很大的帮助。

有效借助美文美感强化读的

生：这写出了草原的动态美。

生：老师，我认为这一句写得美，这是一个比喻句。

师：说得对。那你知道作者把什么比作成什么了？这样写好吗？

生：作者把草原上的骏马比作彩色的云朵；把牛羊比作珍珠一样洒落在草原上，多美呀！

生：我知道作者为什么这样比喻，这能看出草原的牧民饲养的马牛羊不仅多，而且长得壮。

生：我还知道牧民的生活也十分幸福。

师：你在文中还能找到这样的句子吗？请你读一读，讲一讲。

生：是这一句话，我来读一读，我知道作者为什么把草原比作绿色的海，是因为草原非常广阔，犹如绿色的大海一般。

生：我还知道为什么把毡包比作白莲花，因为"毡包"是白颜色的，从远处看就像绿色草原上一朵朵盛开的白色莲花，很漂亮。

生：我还知道"毡包"是什么样。"毡包"是草原牧民住的房子，包是家、屋的意思，还称蒙古包、穹庐、毡帐。毡包是圆形的，外观是白色的。（师出示挂图）

师：你能仿照这样的句子说个比喻句吗？

生：月亮就像大圆盘。

生：蒲公英的种子好似降落伞。

师：你们的语言很丰富，说得太好了。

生：老师，我能把第四句读好，我能读出作者喜爱草原的心情。

生：读的时候，要突出"爱"字，我再给大家读一遍。

师：对于第六句话，你是怎样理解的？同桌讨论交流一下。

生：这句话说的是这样美丽的草原，这样幸福的景象是牧民亲手创造出来的。

训练。美文美读体会美感。

对学生提出的知识点进行讲解，不但让学生知道什么样的句子是比喻句，还要明确本体和喻体，这样再对文中的比喻进行评价时，学生才容易得出结论。

出示毡包的挂图，使学生得到直观的印象。

在充分熟悉比喻句的结构之后，趁热打铁，及时地做练习进行巩固。

生：我还从中体会到草原春天的景象就像图画一样美丽。

生：我还知道那里的牧民非常爱护环境，生活在这样好的环境里一定非常幸福，正因为这样，所以作者爱自己的家乡——草原。

师：你们能把作者这种美和幸福感读出来吗？

（男、女生比赛读课文）

师：这首诗歌的确写得美丽极了！

在充分的讨论交流之后，学生对课文中情感体会得更加深刻，这时候再进行朗读，一定能取得较好的效果。

【点评】

　　教师让学生针对自己喜欢的词句进行评价，体现了小学语文课堂个性化的阅读方式。这样不但使教学信息得到了多项反馈，还使学生之间得以相互补充，相互启发。在评价的过程中，教师对学生提到的知识点进行进一步的提问，使学生知其然又知其所以然。明确了这些基本知识后再对作者的写作方法进行评价，学生才会有理可依，有话可说，取得较好的教学效果。有效借助美文美感强化读的训练，进而在美文美读中体会美感，从而领会作者热爱草原的炽热感情。

三、 想象性提问

　　在阅读教学中通常会遇到一些言未尽意的语段，给读者留下了思考的余地。这时候教师就应该设计一些能引起学生丰富联想和想象的问题，加深对课文含义的理解。

案例三

《花的勇气》课堂实录

（人教版　四年级下册）

师：听听这曲贝多芬的《命运交响曲》吧。同学们，再来读一读这一段文字，你的心头是否又怦然一动，你想到了什么？

生：我想到了其实人更应该具有花的勇气，有勇气就会有希望。

感受了音乐的意境，再回头看课文，学生一定有很多话要说。这时教师适时地提出问题，

生：我想到了人生其实是一个拼搏抗争的过程，就像贝多芬一样，作为一个大音乐家、作曲家，他双耳失聪，这是人生给他的一次考验，但是他没有屈服，他勇敢地扼住了命运的喉咙，为人们带来了不朽的作品。	启迪学生丰富的联想和想象。
生：我想到了海伦·凯勒，她虽然双目失明、双耳失聪，但是她用自己的勇气战胜身体上的缺陷，创作了无数的作品，为世界残疾人事业做出了卓越的贡献。	
师：她是一朵最美的小花，用自己的勇气赢得了生命的精彩，赢得了世界的尊重。	理解了课文的深刻含义之后又联系自己的经历，学生会更深切地体会到"勇气能战胜困难"的道理。
师：是的，霍顿、张海迪、史铁生，包括在比赛中不幸高位截瘫的体操运动员桑兰，包括双耳失聪、依旧站在舞台上献给人们天使般笑容的好男儿宋晓波，他们都是懂得生命意味着勇气的人！那么，你是否想到了自己呢？	
生：我觉得我也应该有勇气去面对困难，勇敢地迎接生活中的各种挑战。我觉得我也是有勇气的人，我战胜了自己的胆怯，上课积极发言，我在运动场上能够坚持到最后。	
师：好，让我们用勇气去战胜生活中的一切困难！下课！	

【点评】

在案例三中，教师设置了联想和想象提问，让学生自己去领会语段所蕴含的道理。这时学生就由花的勇气联想到了许多身残志坚的人，继而又想到了自己，在丰富的联想与想象的思考中加深了对文章含义的理解，培养了发散思维能力。

四、导入性提问

导入性提问是指教师在学生已有的知识和生活经验的范围内提出问题，由此导入新课的一种提问方式，因此导入性提问兼有导语和提问两种作用。这种提问可以确定学习目标，激发学生对学习新课的兴趣，给学生指明思考的方向，所以导入性提问往往用在揭示课题和讲授新课前的导语中。

案例四

《平均数》课堂实录

(人教版 三年级下册)

(课前组织两组同学,测验2分钟踢毽球的个数)

师:同学们,课前我给两组同学测验了2分钟踢毽球的个数。大家比较一下哪组应该获胜?

A组2分钟踢毽球成绩

张小玲	王 茜	赵冬冬	尚 奇
32	30	48	34

课前活动与本节课讲述的内容有关,通过活动引入课题。

B组2分钟踢毽球成绩

王 奇	李明明	吕 哲	李师佳	张 康
34	36	30	35	35

(引导学生谈自己的想法,讨论解决问题)

生1:找最大数,赵冬冬踢的最多,他所在的组应获胜。

(学生提出这种方法不公平)

生2:比较两队踢毽球个数的和。

(两组人数不一样,也不公平)

师:怎样比才能公平呢?(师引导学生思考)

生3:先求出A组平均每人踢毽球的个数,再求出B组平均每人踢毽球的个数,再比较哪组平均每人踢毽球的个数多,哪组就获胜。

师:求A组、B组平均每人踢毽球的个数,就是我们今天要学习的内容——平均数。(板书题目:平均数)

同学提出的两种评判办法都被否定。

教师适时提出怎样比才公平的问题。

第3个同学终于回答正确,顺利进入本课的学习。

【点评】

三年级的学生第一次接触平均数的概念,可能会难以理解,教师设置了比一比哪个组踢毽球应该获胜这个问题,引起了学生的极大兴趣,这一情境的创设,激发了学生的学习兴趣,密切了生活与数学的联系,让学生在真实的情境中学习

数学。在否定了生1和生2的评判标准后，教师适时指导学生认真思考，最终找出了正确答案，让学生在体验中学习，在学习中体验，恰到好处地进入平均数的学习。

五、情境式提问

情境式提问指教师把提问放到一定的情境中进行。借助录像、图片、语言或者其他手段创设一种情境，使学生在思想上对所学的内容产生兴趣，从中找出问题进行提问，引起学生的思考，顺利进入学习的主要内容。

案例五

《统计》课堂教学片断	
（人教版　二年级上册） 师：（播放1分钟内经过校门口的各种车辆的录像）请同学们统计一下1分钟内经过我们学校门口各种车辆的情况。 师：记下了吗？ 生：（几乎异口同声地）老师，太快了，能不能再播放一遍。 （重新播放录像） 师：现在记下了吗？ 生：还是记不下。 师：那怎么办呢？能不能想想办法？ （部分学生已经开始商量，分组合作，一起来记录车辆的情况） 师：（再放录像）现在能汇报一下结果了吗？ 生：1分钟内经过我们学校门口的轿车是9辆，公共汽车是5辆，摩托车是12辆，大卡车是4辆。 师：真了不起，这么快就记下来了！那么，你们是怎样记录下来的呢？ 生：我们是四人合作得出来的，一人记录轿车的辆数，一人记录公共汽车的辆数，一人记录摩托车的辆数，我记录大卡车的辆数。 师：你们采用的是四人合作记录的方法，真不错！大家会用他们的方法再记录一次吗？	第一遍看录像，提出统计的要求。 第二遍看录像，仍然不能完成统计工作。 第三遍看录像，有的小组统计出了结果。 介绍成功的经验。 推广到全班。

【点评】

这段情境式提问是通过播放录像，创设了一个教学情境，吸引大家的注意力。因为1分钟内通过校门口的车辆太多，二年级的孩子看了两遍录像都统计不出来，还是经过小组合作学习，才最终解决了这个问题。本段导语的妙处除了创设情境外，还诱导学生通过主动的合作学习最终解决了问题，而不是教师强加给学生这样一种学习方法，引导方法科学，启发效果显著。

六、 操作性提问

课堂学习应当是一个生动活泼的、主动的和富有个性的过程。除接受学习外，动手实践、自主探索与合作交流也是学习的重要方式。学生应当有足够的时间和空间经历观察、实验、猜测、验证等活动过程。操作性提问就给学生提供了动手操作的空间，同时兼以恰当的提问，使学生在动手和动脑的同时接受新知识。

案例六

《轴对称图形》课堂实录节选	
（人教版数学 二年级上册） 请同学们拿出一张长方形纸，在大约中间的位置滴一滴墨水，压实，再把这张长方形纸展开。 师：同学们互相欣赏一下，你有什么发现？ 生：折痕左右两边都是一样的。 生：折痕两边的图形完全一样，重叠在一起了。 师：我们把这种现象叫重合。（板书：重合） 师：具有这种特征的图形叫什么图形？ 生：对称图形。（板书：对称图形） 师：中间的折痕是什么？ 生：对称轴。 师：我们动手来剪一个对称图形，好吗？ （教师巡视指导。） 师：现在把你们剪好的图打开，看一看，你们都剪出些什么样的图形。 生：我剪的是一个房子。 生：我剪的是一个五角星	动手操作可以引起学生的学习兴趣。 培养学生发现问题的能力很重要。 从学生的发现中提出问题。 适当提出对称图形和对称轴的概念。 再次给学生提供一次动手操作的机会。

生：我剪的是一个……	通过教师的
师：好，请同学们看老师手里的这个图形，老师现在沿着这个折痕折回去，同学们，你们看到了什么？	动手演示，再现对称图形的特点。
生：我看到这个图形是原来那个图的一半了。	
生：我看到这个图形又合在一起了。	
师：沿着折痕把图形折上后，折痕的两侧的图形怎么样了？（在学生思考的同时，教师将手中的图形：开——合——开——合）	
生：两侧的图形重合在一起了。	
师：是不是完全重合在一起了？	
生：是完全重合在一起了。	
师：谁知道到底什么样的图形是轴对称图形？	
生：通过一条线对折，折痕两边的图形能完全重合，这样的图形就是轴对称图形。	由学生对概念进行总结。
师：你们说得真好，像这样，折痕两侧的图形能够完全重合，我们就可以说折痕两侧的图形是对称的。这个图形就是轴对称图形，这条折痕就是轴对称图形的对称轴。	教师再强调一遍概念，加深印象。

【点评】

教学活动是师生积极参与、交往互动、共同发展的过程。数学学习活动的过程有"经历、体验、探索"等。为了激发学生学习数学的兴趣，经历一次生动活泼的、主动的和富有个性的过程就显得非常重要。《义务教育数学课程标准》倡导除接受学习外，动手实践也是学习数学的重要方式。学生应当有足够的时间和空间经历观察、实验、猜测、验证等活动过程。案例六对数学课程标准的这个理念贯彻得很到位。学生在两次动手实践中，明白了什么是对称和对称轴，教师在此过程中的提问富有诱导性和启发性。

"学起于思，思源于疑"，疑问是思维产生的火花，思维应该从问题开始。课堂提问不但是优化课堂教学的必要手段之一，更是教师教学艺术的重要组成部分。恰到好处的课堂提问不但可以激发学生的学习兴趣，活跃课堂气氛，而且可以开启学生心灵，引发学生思考，培养学生能力，提高学习效率。著名教育家陶行知先生说："发明千千万，起点是一问，……智者问得巧，愚者问得笨。"所以教师应该从根本上形成对课堂提问的正确观念，在实践中发挥课堂提问的灵活性与有效性，引导学生做一个会提问的"智者"。

第四节 怎样设计板书

"板书"是教师或学生书写在黑板上的字或画在黑板上的图表。作为一种微型教案，它的作用主要是直观、形象地将教学内容显示出来，突出教学的重难点，使学生在看到板书后，对全文整体的知识框架有一个大概的了解，加深学生对课文基本结构和中心思想的理解和把握。好的板书，可以增添学生的学习氛围，激发学生的学习兴趣，也是师生之间心灵交流的中介。板书设计的基本要求是：语言准确、简练，条理清晰，启发性强。由于教学内容的不同，也由于教师教学风格的不同，相同的学习内容完全可以设计出不同的板书。小学常见的板书形式有以下几种：

一、纲要式板书

纲要式板书是将一堂课的要点从教学内容中"抽"出来，用提纲的方式展示本堂课的要旨所在。纲要式板书适合于文章内在结构清晰的记叙文和说明文，同时它还可以为小学生的写作教学提供最基本的练习思路。

案例一　《海底世界》　（长春版　三年级上册）

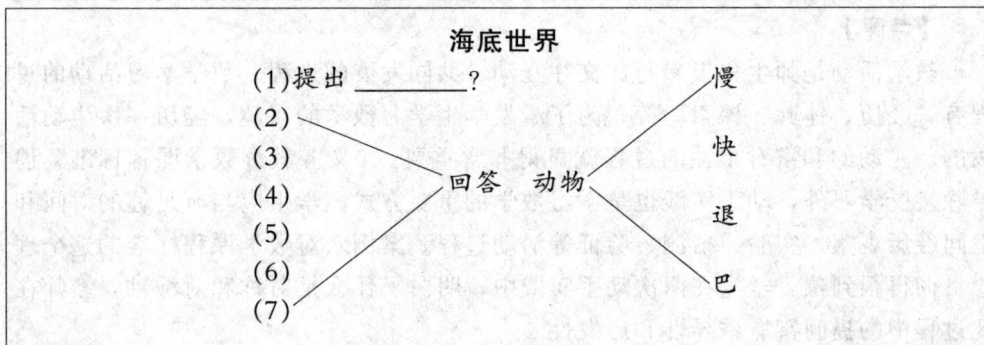

海底世界
(1)提出 _____ ?
(2)
(3)
(4)　回答　动物　慢　快　退　巴
(5)
(6)
(7)

【点评】

《海底世界》的板书是典型的纲要式板书，它按照提出问题、解决问题的思路进行书写，并把文章的教学重点——海底世界中的动物描写单独进行分析，用非常精确的四个字"慢""快""退""巴"来概括所描写动物的特点。整篇板书只用了14个字，它突显了纲要式板书精练的特点。纲要式板书由于条理清楚，特别适于概括全文的重点，起到提纲挈领的作用。

二、图表式板书

图表式板书是对教学内容进行分类，用表格的形式展现出来。这种板书的最

大特点是层次分明、逻辑性强，便于学生识记系统的知识，同时也使繁杂的教学内容简易化。根据小学生的智力发展特点，图表式板书一般在小学高年级采用比较合适，它有利于小学生从直观、形象思维向逻辑、演绎思维的平稳过渡。

案例二 《卖火柴的小女孩》 （长春版 六年级上册）

课题内容 燃火柴次数	《卖火柴的小女孩》	
	幻境	说明
一	火炉	冷
二	烤鹅	饿
三	圣诞树	痛苦
四	奶奶	孤独
五	搂抱	悲惨

【点评】

《卖火柴的小女孩》是一篇童话，小学生对这个故事并不陌生，因此，记住故事情节比较容易，但是理解故事层面背后的社会意义却非常困难，图表式板书由于层次结构清晰，使学生在对故事情节的发展有了一个比较系统完善的把握之后，对课文中心主题的认识也能得到深化。

三、线索型板书

有些课文，尤其是故事性很强的课文，适于使用线索型板书。线索型板书的主要特点是：只要你"盯"住行文的脉络线索，并顺着这条线索"捋"，就可以将整篇文章的情节、过程一眼洞穿，给人以纵观全局之感。线索型板书较适用于线索、文路清晰的记叙文和说明文。

案例三 《董存瑞舍身炸碉堡》 （长春版 四年级下册）

董存瑞舍身炸碉堡	
1. 遇到暗堡 喷出火舌 封锁道路	（略）
2. 请求炸堡 瞪着 迸射 坚决	（略）
3. 冲到桥下 跃出 匍匐 滚 猛冲	（详）
4. 舍身炸堡 昂首挺胸 托 顶 拉 挺立 眺望 高喊	（详）
5. 道路炸开 消灭敌人 红旗飘扬	（略）

【点评】

本板书按照课文的内在逻辑顺序将事件发展的进程、结果一一概括并展示出来,看到这个板书的人马上就能清晰地了解到整篇文章主要是围绕"碉堡"这个线索展开的,先是"遇暗堡",战友死伤无数;然后是董存瑞"请求炸堡";再次是"舍身炸堡",最后炸开碉堡,取得胜利。另外,通过"详""略"二字的简单标注,也使学生明确了本篇文章的写作重心。这样的板书就使文章复杂的事件情节和各种关系条理化。

四、 对比式板书

对比式板书可按照文章组织材料的对比特点,将其对称排列,使之形象鲜明、中心突出。对比式板书,在小学阶段,适合于采用对比手法写作的文章讲解或片段教学。

案例四　　《鸟的天堂》　　(长春版　五年级下册)

鸟的天堂

时间两天

头一天"黄昏"	第二天"早晨"
游玩人/大榕树下看不见	鸟又飞又叫/赞美
时、地/一只鸟	/留恋
静态	动态

的确是鸟的天堂啊

【点评】

《鸟的天堂》一课,主要写了作者和朋友两次经由"鸟的天堂"的所见所想。第一次是在黄昏时分,因鸟已栖息,重点描述了榕树的静态。第二次是次日清晨,正是群鸟活跃的时候,所以看见了飞鸟群舞清歌,重点记叙了鸟的动态。这种一静一动的对比写作方法,给学生头脑中留下了深刻的印象。这个板书的设计,首先按照时间的先后顺序,将重点内容加以概括,并分列黑板左右,进行同一地点静态与动态的比照。不仅使学生感受到景物的美妙,也让他们认识到事物变化与发展这一哲理。

五、 归纳式板书

归纳式板书是一种将教学内容归纳成简要的式子、字、词、短语等的一种板

书形式。由于数学知识具备内在的逻辑性和系统性，归纳式板书更适用于数学课堂教学，尤其是在章后复习、单元测试之前。

案例五　　**比和比例知识整理的知识结构图**

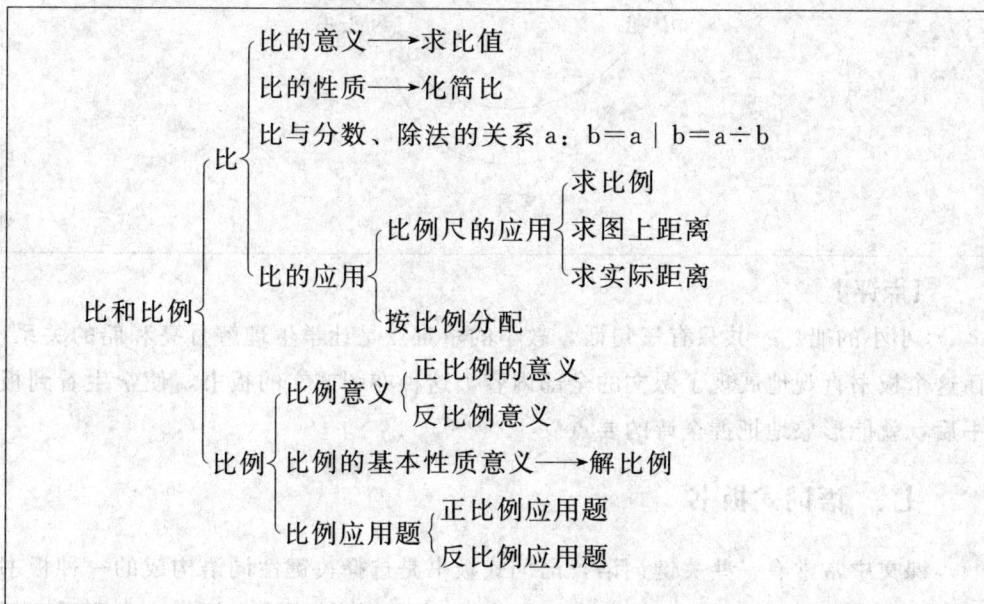

【点评】

教师讲完课以后，在下课之前常常要对本节课所讲授的知识和内容进行归纳，此时，归纳式板书就能很好地发挥总结归纳全部学习内容的作用。案例五依据"比和比例"间的联系，把重点知识串成线、连成片，构建了一个比较系统的知识网络，高度概括了这部分知识的内涵和外延，有利于学生在课后复习，也培养了学生整理和总结的良好习惯。

六、图文组合式板书

图文组合式板书是教师在授课过程中把抽象的教学内容简明扼要地在黑板上通过简笔画和文字相结合的形式展示出来的一类板书。这类板书的作用是提升学生的想象力，促进小学生记忆的发展。图文组合式板书在小学低年级阶段更为适用，效果也尤为明显。

案例六 《小小的船》 （长春版 一年级上册）

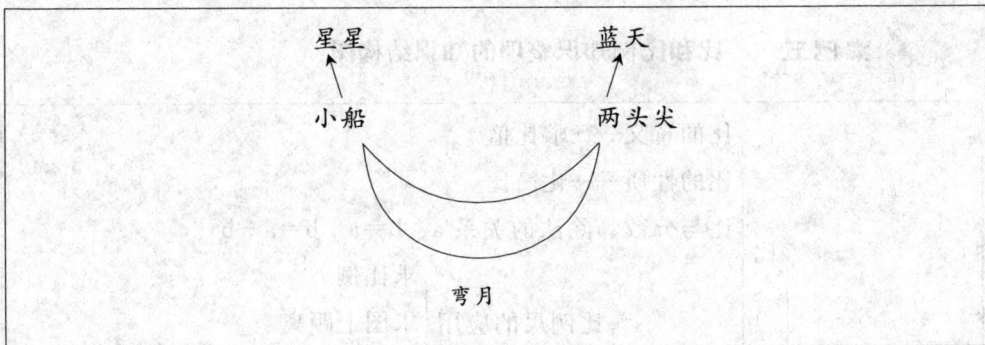

星星　　　　　　蓝天

小船　　　　　　两头尖

弯月

【点评】

《小小的船》一共只有三句话，教学的重难点是让学生理解月亮和船的关系，而这个板书直观地展现了课文的全部内容，这种亦图亦文的板书，使学生看到板书后，就能形象地把握全诗的要点。

七、 语词式板书

课文中常常有一些关键词语，语词式板书是选择关键性词语构成的一种板书形式。在设计语词式板书时，一定要注意被选用关键性词语之间的内在联系，便于引起学生思考，并加深学生对学习内容的理解和记忆。这种板书适用于层次清晰、主旨句鲜明的文章。

案例七 《花的勇气》 （人教版 四年级上册）

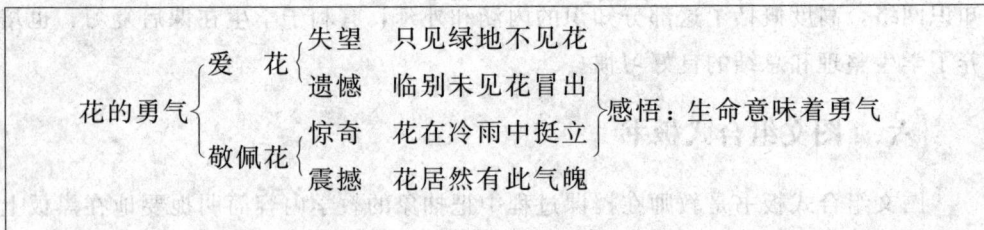

花的勇气 { 爱　花 { 失望　只见绿地不见花
　　　　　　　　　　遗憾　临别未见花冒出
　　　　　　敬佩花 { 惊奇　花在冷雨中挺立
　　　　　　　　　　震撼　花居然有此气魄 } 感悟：生命意味着勇气

【点评】

《花的勇气》是一篇自读课文，教学的重难点是让学生理解"花的勇气到底是什么"，这个板书的设计抓住了表现作者心境的四个词语——"失望"、"遗憾"、"惊奇"、"震撼"，并根据学生的回答，分别用含有中心词"花"的七字短句辅证，概括出作者对花的态度——"爱花"、"敬佩花"，同时在此过程中突破了教学重难点，即花的勇气就是板书中的"冷雨中挺立"——不怕困难，不怕挫

折，不做懦夫，勇于挑战。该板书的左侧是课文的标题，也是文章的行文中心，板书中间部分分为两层，一层谈作者爱花，一层谈作者敬佩花，每一层中又分两点去谈，格式非常整齐。板书的右侧概括出全文的主题，对文章内容进行了升华。整个板书的特点是条理清楚，要言不烦，重点突出。

八、主副式板书

黑板的使用可以只有一个中心，也可以设计成两个板块，主副式板书就是由主板书和副板书两部分构成的。主板书宜于用来表现教学重点，一般贯穿于整节课的始终；副板书是对主板书的补充或说明，一般随着教学进程的发展，既可擦掉也可保留，因此使用起来比较灵活。主副式板书布局合理、形式可以多变，在小学高年级讲解比较繁杂、抽象的课文或知识点时，使用主副式板书显得更为方便灵活一些。

✎ **案例八**

乘法的初步知识

	用加法计算	用乘法计算
	3 个 2　2+2+2	2×3
	2 个 3　3+3	3×2
	3 个 5　5+5+5	5×3

求几个相同加数的和，用乘法计算比较简便。

【点评】

这个板书左面的图形是副板书，右面抽象的加法、乘法计算是主板书。讲解本课时，教师先用实物演示，让学生理解黑板上简图的含义，再列出三个连加算式，引导学生分析三个算式的共同点，即加数相同，引出乘法的意义并列出乘法算式，从而突破了"理解乘法意义"这一教学重难点。

板书设计的形式多种多样，上述案例只是沧海一粟，授课教师可以根据自身素

质、教学内容、学生实际情况等方面作适当的调整，从而设计出独具特色的板书。

第五节 怎样设计结课

结课是指在教学过程即将完成时，教师引导学生对所学知识和技能进行的归纳总结，结课的方法多种多样，教师可以根据不同科目、不同教学内容和不同年龄段的学生灵活选用。归纳起来，小学教学中常用的结课方法有：

一、总结归纳式

总结归纳式结课是以准确、简练的语言将所学的知识进行归纳整理、综合概括的结课方法。由于对知识进行了条理化、系统化处理，会给学生完整的印象，促使学生加深对所学知识的理解和记忆，培养其综合概括能力。这种结课方法在教学中很常用。

案例一

《草船借箭》课堂实录

（人教版 六年级下册）

师：刚才我们学习了诸葛亮向曹操借箭的经过，诸葛亮的神机妙算表现在他懂天文、识人心、晓地理三个方面；联系全文，你还能从课文哪些地方体会到他的神机妙算？ *联系课文，引起学生对课文细节的思考。*

生：诸葛亮算到了周瑜是故意陷害他的，知道了鲁肃是忠厚老实的，知道了周瑜会怀疑，所以才把鲁肃叫上做见证的……诸葛亮真的是神机妙算。 *用实例证明诸葛亮"识人心"。*

师：让我们再读周瑜的话："诸葛亮神机妙算，我真比不上他！"诸葛亮神机妙算，他懂天文，借了长江的雾；晓地理，借了长江的风和水；识人心，借了鲁肃的兵和船，从而借到了曹操的箭。 *巧妙过渡到"借箭"。*

师：草船"借"箭，有借就得有还，诸葛亮是什么时候、怎么把箭还给曹操的？关于诸葛亮神机妙算的故事还有哪些？同学们想知道吗？如果有兴趣的话，请你们阅读《三国演义》，这本书里还有很多更加精彩的故事等着你们去欣赏。 *留下悬念，鼓励学生课外阅读《三国演义》。有效调动学生的阅读热情。*

【点评】

本案例采取了以下结课步骤：第一步，总结诸葛亮三个方面的神机妙算，然后

请同学联系课文加以印证，这是对课文内容的复习。第二步得出结论：正是由于这三个方面的神机妙算使诸葛亮借到了曹操的箭。顺利完成结课任务。第三步，教师对课文进行课外拓展延伸，提议大家去看《三国演义》原著，里面有更精彩的故事等着大家去欣赏。相信这样的结束语一定能引起学生对名著的阅读兴趣。

二、 朗读欣赏式

在教学过程即将结束时，引导学生朗读全文或重点段落，既可以加深学生对文章的理解，又可以提高学生的朗读水平，甚至完成背诵的任务。结课时朗读的内容可以是课文中的精彩片断，也可以是课外精选的，还可以是由教师自编的等等。朗读者可以是教师，也可以是学生。根据朗读内容的不同，从朗读方式上可进行单人朗读，也可进行多人朗读。

案例二

《诉衷情》课堂实录

（长春版　六年级上册）

师：（配乐）同学们，陆游是高寿的，但他终究没有看到自己国家的统一，在他死后的第 69 年，忽必烈的蒙古骑兵就彻底踏碎了没落的南宋王朝。今天的我们无法体验这种国破家亡的悲剧，但正是有了像《诉衷情》这样的千古名作，才让我们中华民族历史的天空群星璀璨、光彩夺目。最后就让我们在这首乐曲中再来齐颂这首《诉衷情》，来品味历史，倾诉衷情。诉衷情，起——

生：（齐诵）诉衷情 /陆游/当年万里觅封侯/匹马戍梁州/关河梦断何处/尘暗旧貂裘/胡未灭/鬓先秋/泪空流/此生谁料/心在天山/身老沧州！

师：好，下课。

交代陆游最终心愿未了一事，为课堂增添了浓浓的怅然之情。以齐读作结，同学更易浸入悲壮之感中。配乐朗诵更增加了课堂效果，意味深长，令人回味无穷。

【点评】

在《诉衷情》一课中，由于教师整节课都很重视意境的创造，使全体同学都沉浸在陆游报国无门的悲愤之中，因此在结课时安排全班齐读，是对整体教学过程的完整收束，同时能让学生再次感受这首词的苍凉悲壮之色彩。

三、 深化主题式

深化主题式结课法是在教学结束前，教师针对教学进一步引导学生提出新问题、思考新问题，从而深化文章的中心，领悟文章的中心思想的一种结课方法。

🖋 案例三

《盲人摸象》课堂实录

（长春版　二年级上册）

（在学生发表对盲人应该怎样摸象的看法之后）

师：在生活中像这样的现象还有很多，老师给大家带来了一样东西（一个具有多种颜色的长方体教具），（问右边一组）请右边小组的同学告诉我，这是什么颜色的？

生：绿色的。

师：（问左边一组）你们告诉我这是什么颜色的？

生：粉色的。

师：（问前面两组）你们两个小组告诉我，你看到的是什么颜色？

生：黄色的。

师：而老师看到的是另外一种颜色。当我们把这个物体从各个方面看一下时，我们发现这个物体是——

生：五颜六色的。

师：就是五颜六色的。是啊！我们去观察一个物体、看待一个事情、了解一个人，都不能片面地下结论。应该全面地去看一看，全面地去了解，这样才能看清这个事物的全貌，才能了解一个人，才能真正地明白一件事情。同学们，你们懂了吗？

生：懂了。

师：我相信同学们学习了这个寓言，一定读懂了这个寓言的道理。好，我们这节课就上到这儿，下课。

> 学生知道摸象的正确方法还不够，老师用观察道具颜色的方法来说明同样的道理。
>
> 感受更直观。
>
> 此时，寓言的道理真正显现出来。经过课文讲解和道具演示，学生们也更容易理解了。

【点评】

《盲人摸象》的道理大人都懂，可是孩子则需要一个理解的过程。学生通过一节课的学习理解了课文内容，在课程结束时接受这个普遍性的道理则不会有突兀之感，一般来说，有深刻道理的文章都可以采用这种结课方法。深化主题式结课可以使同学们在学习了全部内容后，对主题有一个更深刻的了解和认识。

四、抒情言志式

有些抒情类课文可以采用抒情言志式结课法。这种方法的操作要点是，在教学结束时，教师引导学生从课文中体会作者的情感和思想，从而对学生产生熏陶

感染、潜移默化的作用。这种结课方法要求教师的情感要十分充沛。

✎ **案例四**

《圆明园的毁灭》课堂实录	
（人教版小学语文　五年级上） 　　师：圆明园辉煌的景观不在了，圆明园的大火也早已熄灭了，今天，当五星红旗在香港上空冉冉升起的时候，当全国人民为申奥成功欢欣鼓舞的时候，我们也不要忘记中国近代史上那一段屈辱的历史。只有牢记历史，我们才能拥有那份自省——落后就要挨打。146年前的这场世界文化史的悲剧，告诉我们今天所有的人，我们每一个人都应有一种对文化特有的尊重和爱护。	教师用慷慨悲壮的抒情激发学生对历史的思考。

【点评】

　　在学生充分理解了文章的基础上，结课时，教师以充满激情的语言引导学生"不要忘记中国近代史上那一段屈辱的历史"，这句看似简单却意味深长的话，拨动了学生的情思之弦，激发了他们的爱国情感，收到了以情生情、以情促知、知情并育的效果。相信学生们在经历了这样一次刻骨铭心的情感体验后，在那颗被点燃、被升腾的心灵深处，一定有了对中国历史的厚重感觉。

五、游戏式

　　游戏式结课法是一种以游戏的形式结束课堂教学的方法，这种结课方法可以在课堂结束前掀起一次课堂教学小高潮，因为游戏毕竟是孩子们的最爱。使用这种结课方法要注意使游戏的内容与课堂教学的内容相结合。

✎ **案例五**

《分数的意义和性质》课堂实录	
（人教版　五年级下册） 　　师：这堂课大家学得很好，现在还有时间，为了奖励大家，我们来做一个游戏。 （全班学生高兴得鼓起掌来，情绪十分高涨。） 　　师：猴山上有一只猴王，因为办事很公平，大家都称它为"公平大王"。一天，猴王做好了几个饼，一只猴跑过来	用"奖励"和"游戏"引起学生的兴趣。

说:"爷爷我要吃一块。"猴王把一个饼平均分成4块,给了小猴一块,小猴高兴地走了。另一只小猴见了说:"太少了,太少了,我要吃两块。"这可把猴王急坏了:"要我给它2块,又要做到公平,我该怎么办呢?"聪明的小朋友,你能帮助猴王吗?

(同学们纷纷开动脑筋,应用所学的《分数的基本性质》的知识,帮助猴王解决问题。课堂在热烈而活跃的气氛中结束,个别思维迟钝的学生在下课之后,仍在兴趣盎然地开动脑筋想这个问题。)

故事带有童真童趣,既有知识性,又有趣味性,是引发学生兴趣的好方法。

学生们保持和延续了旺盛的学习兴趣。

【点评】

讲完《分数的意义和性质》这节课后,如果再以大量的、枯燥的分数习题作结束,学生很可能会缺乏兴趣,甚至产生厌倦心理。而以"猴子分桃"这个游戏来结束课程,不落俗套,寓知识的巩固、思维的发展于轻松的游戏之中,悄然之间丰富了学生对"分数"的概念表象,深化了对于"分数"的理解。这种寓教于乐的结课方式能唤起学生们主动参与练习的激情,收到事半功倍的效果,使其从中体验成功的喜悦,唤起儿童再一次追求成功的心向。

六、练习巩固式

练习巩固式结课法指教师通过让学生完成练习、作业的方式结束课堂教学的方法,这是最简单最常用的一种结课方式,这种结课方式特别适用于数学课。

案例六

《小数的初步认识》课堂实录

(人教版数学 三年级下册)

师:刚才通过大家的努力,我们对小数有了初步的认识,现在我们就用今天所学的知识一起来完成几道习题。

1. 在0.1,0.7,0.4,4,10.1,7.4,16中:

整数有:_____;小数有:_____。

2. 听老师读一句话,把听到的小数快速记录下来。

一只青蛙跳过0.3米宽的田埂,来到宽11.58米的河面上,踏上了0.2平方米的荷叶,叫了三声,扑通一下跳进了深0.96米的小河里。

第一题较为简单。

第二题加上了听力训练。

3. 在（　　）里填上适当的小数。 7分米＝（　　）米　　　　1米4分米＝（　　）米 6厘米＝（　　）分米　　　　6角＝（　　）元 7元6角＝（　　）元　　　　7分＝（　　）角	第三题与生活的结合较紧密。
4. 用3、0、9这三个数字（不能重复使用）和小数点组成小数，看谁写得多？在所组成的小数中最大的数是多少？最小的数是多少？	第四题有较大的难度。

【点评】

　　小数对于三年级学生来说是比较抽象的数学概念，在教学中教师比较注意结合学生的生活实际进行教学。通过让学生来猜猜小数点，引入小数，激发学生的兴趣。接着让学生说一说生活中见过的小数，一方面让学生感受数学源于生活，另一方面初步体会小数使用的广泛性。在与整数的比较中，去了解小数的特点，认识小数的组成、读写等。由于课前搜集了大量的的生活图片资料，练习形式多样，学生掌握较好。结课时四道练习题的设置不仅巩固了学生本节课所学的知识，而且题目的设计有梯度，第4题属于知识的拓展，为数学程度较好的学生留出了进一步思考问题的空间。

　　结课的方式多种多样，但归纳起来主要有两类，即封闭型结课和开放型结课。封闭型结课一般针对本节课所学的内容结课，目的是巩固学生所学的知识，把学生的注意力集中到课程的要点上。开放型结课不局限于对教学要点的复习巩固，而是拓宽学生的视野，向课外延伸，或把前后知识联系起来，使学生的知识系统化。结课方式尽管很多，关键是要结合教材的重点和学生的特点来进行选择，使教学目标落到实处，使课堂做到善始善终。

第六节　怎样进行教学评价

　　教学评价是对教学活动、教学过程和教学结果进行价值判断的教学行为。评价的主要目的是全面了解学生学习的过程和结果，激励学生学习和改进教师教学。评价应以课程目标和内容为依据，体现基本理念，全面评价学生在知识技能、思维品质、解决问题和情感态度等方面的表现，因此评价对教学不但具有诊断和激励作用，还有导向功能。

　　语文教学评价要考虑整体性和综合性，从知识与能力、过程与方法、情感态度与价值观三个维度全面考察学生的语文素养。具体方法有测验法、观察法、面谈法、自我评价法、问卷法和作品分析法等。

数学教学评价从基础知识和基本技能的评价、数学思考和问题解决的评价、情感态度的评价三个维度进行。从"了解、理解、掌握、应用"四个层面对学生的数学学习进行评价。在评价的过程中要注重整体评价，同时还要注意评价主体的多元化和评价方式的多元化。如书面测验、口头测验、活动报告、课堂观察、课后访谈、课内外作业、成长记录等，也可以采用网上交流的方式进行评价。书面测验只是考查学生课程目标达成状况的重要方式之一。下面介绍几种教学评价的方法。

一、口头表扬法

课堂上教师对学生发言的及时鼓励也是评价方式的一种，这种口头表扬由于即时性好，而且是当众表扬，学生容易产生成就感，是教学评价最常用的方法之一。

案例一

《四时田园杂兴》课堂实录	
（长春版 二年下册）	
师：请大家读第一句诗"昼现耘田夜绩麻"（有意把"绩麻"读重音），"绩麻"是什么意思，理解吗？	
生：学生摇头，表示不明白。	
师："绩麻"是一项劳动。（师从兜里掏出一团麻）大家看，这就是麻，古时候，人们白天在地里忙了一天了，晚上，在家里也不闲着，就把这麻整理、披开，搓麻线，细的用来织布，粗的用来编织，编麻袋，或搓麻绳，这就叫绩麻。	"绩麻"这个词不好理解，教师特意进行了解说。
生：（又一片惊呼）啊……	
师：同学们，我们一起来做绩麻的动作（用麻做绩麻的动作）。	再辅以动作进一步体会什么是"绩麻"。
（生非常感兴趣地一起跟着老师做。）	
师：现在这项劳动很少有人做了。但，这个"绩"字对学生来说却不陌生，考试以后要老师发布——（这时老师看到第一排有个小女生，很胆怯的样子，不敢举手，看样子很少发言。老师走到她跟前，看着她，很温和地说）你能说说吗？	老师发现了一名胆怯的小女孩。
（这时没想到，这位小女孩几乎要掉下眼泪。）	真没想到。

师：孩子别害怕，老师相信你肯定能答上，勇敢些！（接着老师又提醒了一遍）考试以后要老师发布——	教师的肯定起了鼓励作用。
生：（这时，这名同学终于低着头，小声说）成绩。	她终于开口发言了。
师：（高兴地）怎么样？同学们，她会，就是胆子小点，大家要为她能战胜自己勇敢地说出来，鼓掌！	
（大家响起热烈的掌声！）	第一次掌声。
师：（老师又拍拍她的肩膀）来，勇敢点再和大家说一遍……	
生：脸红红地，看着老师……	
师：（也一直微笑着，看着她，轻声鼓励）再勇敢点……	
生：（大声地）成绩。	
（全场响起雷鸣般的掌声！只见这名胆小的女生，胸脯挺得高高的，身体坐得直直的！）	第二次掌声使她增加了信心。
师：还能组什么词？	
生：业绩、功绩。（另一名学生马上说）丰功伟绩。	
师：你真聪明，能边听边想。还能组什么词？（这时老师又走到那名胆小的女生跟前）你说……	
（教室里一下子静下来，大家仿佛都在等待。）	
生：（令所有人吃惊的是，她站起来，大声说）绩麻。	第三次掌声。
（全场又响起了雷鸣般的掌声！）	
师：你真聪明，当堂的知识学会了；你真了不起，能大胆地发言了！同学们为她的进步，再次献出我们的掌声……	第四次掌声。
（全场再次响起了雷鸣般的掌声！）	

【点评】

以人为本是教学的根本，教师在课堂上不仅要教授知识，更要关心学生的心理。教师在这节课上根据班级的实际情况，改变教学流程，充分关注这名"胆小的女生"，老师及时、当面的信任、鼓励和赞扬，使她体验到了成功的喜悦！老师的不断期待和全班同学的四次掌声一定会成为她前进的动力，相信她在今后的语文学习中再也不会胆怯了。

二、观察评价法

观察评价法是运用课堂观察的方法对学生课堂学习过程进行评价。由于这种评价形式既不加重学生的负担，又便于教师及时了解学生的学习情况，因此它是

一种很好的评价形式。

案例二

《将相和》教学实录节选

（长春版　五年级）

师：这节课我们来学习负荆请罪的故事。请同学们自己读课文，老师只有一个要求：要把这个故事读正确，读流利，读得有感情。谁有好办法？　　　　　　　　　　　　　　提出阅读要求。

生：理解含义深刻的句子。

生：进入课文情境。

生：抓住重点词。

生：突出人物的特点。

师：好，大家说的办法都很好。老师再教给大家一个好办法，那就是走进课文，与文中的人物进行交流、对话，看看他们是怎么想的，怎么说的。同学们拿出笔来，画一画文中描写廉颇和蔺相如语言的句子。

对学生的回答适时止住，提出本节课的阅读要求——与文中的人物对话。

生：廉颇说："我廉颇攻无不克，战无不胜，立下许多大功。他蔺相如有什么能耐，就靠一张嘴，反而爬到我头上去了。我碰见他，得给他个下不来台。"

找出要讨论的问题，为下面的讨论做准备。

生：蔺相如说："秦王我都不怕，会怕廉将军吗？大家知道，秦王不敢进攻我们赵国，就因为武有廉颇，文有蔺相如。如果我们俩闹不和，就会削弱赵国的力量，秦国必然乘机来打我们。我所以避着廉将军，为的是我们赵国呀！"

师：大家看，廉颇和蔺相如说的话语言一样吗？这一将一相的话，有哪些具体的不同呢？

以廉颇和蔺相如的两句话为中心进行分析。

生：我感觉他们的区别就是人称不同。

师：廉颇称蔺相如——

生：蔺相如，直呼其名。而蔺相如却称呼廉颇为廉将军。

师：（板书）好，请坐。同学们，×××多会读书啊！他读书的时候注意到书上人称的不同。那么，廉颇称蔺相如直呼其名，合适吗？此时蔺相如已经封为上卿，那应该怎么称呼？

观察学生的发言，对他的回答及时给予评价和鼓励。

生：蔺上卿。

师：除了发现人称上的不同，还有哪些不同呢？

生：我觉得廉颇非常骄傲，蔺相如非常谦虚。因为廉颇说"我廉颇攻无不克，战无不胜，立下许多大功。他蔺相如有什么能耐，就靠一张嘴，反而爬到我头上去了。"廉颇认为蔺相如只是一个门客，没有什么功劳，就是一张嘴，就得了上卿。而廉颇攻无不克，战无不胜，久经沙场，却还是一个将军。所以，他非常看不起蔺相如。

师：你说这段话，我非常同意，我发现×××在读书的时候特别细心，读出了人物的思想感情。

师：同学们除了刚才发现的这个地方，你们还发现什么了吗？

生：我也是从人称找的，廉颇说："他蔺相如有什么能耐，就靠一张嘴，反而爬到我头上去了。我碰见他，得给他个下不来台。"蔺相如说："我所以避着廉将军，为的是我们赵国呀！"从两句话的对比，我发现了他们性格的不同，蔺相如一切都为国家着想，而廉颇只为个人的利益。

师：说出问题的实质，非常好。他善于抓住文章中具体的语句，他说："我碰见他，得给他个下不来台。"这是谁说的话啊？

生：廉颇。

师：那他是从谁的利益出发？

生：自己。

师：而蔺相如呢？他怎样说啊？

生：为国家。

师：为了我们赵国，同学们，蔺相如在第一个故事当中，拼命想完璧归赵，为的是——

生：我们赵国。

师：渑池之会，要以颈血溅秦王，为的还是——

生：我们赵国。

师：这次他避着廉将军，为的还是——

生：赵国。

引导学生在细节上的关注，从而培养读书细致的习惯。

再次通过观察学生的发言，表扬其读书细心。

在上面一位同学的启发下，又一名读书更细心的同学得到了教师的表扬。

教师及时追问，学生的思维逐步深入。

师：我找两个同学来读。一个读廉颇说的话，一个读蔺相如说的话。我们听一听他们是不是把自己的感受，自己的发现读进去了，读懂了这两个人。（两生分角色读）	
师：请坐，我想今天蔺相如和廉颇如果在场的话，也会给这两个同学竖起大拇指的，读到他们心里去了。那么除了刚才我们这些发现，你们还有什么发现吗？	用"竖起大拇指"来评价学生的朗读。
生：廉颇还是以自我为中心，因为他说"我廉颇"，"他蔺相如"，蔺相如说"秦王不敢进攻赵国，就因为武有廉颇，文有蔺相如"。廉颇是把自己排在前边，而蔺相如却是把廉颇排在前边。	在教师的导读下，学生进一步发现了区别。
师：我发现他抓住了一句话。他读懂了两个人之间说话的不同，你看"我廉颇"，把谁放在前边？	
生：廉颇。	及时恰当的表扬和评价，使全体学生明白了读书的要义，激发了学习热情。
师：自己。那你再看蔺相如说"武有廉颇，文有蔺相如"把谁放在前边？	
生：廉颇。	
师：你瞧，×××在读书的时候，他有一个优点，那就是抓住文章具体的语句，读出了语句背后隐藏的内容，一个是以自己为中心，一个是先尊重别人，尊重廉将军，认为廉将军很重要。	对学生的回答及时进行恰当的表扬。

【点评】

这个课堂教学实录片段采用了观察评价法。针对五年级学生理解和感悟能力较强的特点，课堂上指导学生紧紧抓住廉颇、蔺相如的语言进行对比，读懂人物，读出感情，使人物的个性品质在品读中凸现出来。教师在引导学生和文中的人物交流对话时，对学生表达出来的独特内心体验及时予以正面评价，这一点与教师在课堂上细心观察、及时激励学生是分不开的，教师就应该这样善于在学生的课堂表现中发现亮点，激发学生的学习热情，由此实现教与学的良性互动。

三、 自我评价法

自我评价法是指学生参照标准体系对自己的活动状况或发展状况进行自我鉴定。自我评价实质上就是学生自我认识、自我分析、自我提高的过程。

案例三

学生习作反思记录	
1. 这个月我最满意的一篇习作是《天彭牡丹甲天下》，因为我引用了陆游和一些当代画家赞美牡丹的诗句，为这篇文章增添了文采。这篇文章还有一个优点就是它不仅写出了天彭牡丹的特点，而且写出了天彭牡丹的历史，我还赞美了给我们带来美的种牡丹和画牡丹的人，得到了老师和同学的表扬。	把最满意的习作的优点清晰地表达出来。
2. 这个月我最不满意的一篇习作是日记《我的一天》，因为我本来想写出自己在星期天的负担太重，希望爸爸妈妈能给我一点属于我自己的时间，结果却写成了"流水账"。	把最不满意的习作的不足和自己的写作目的进行了对比。
3. 这个月我在习作方面最大的进步是我学会了把自己平时积累的一些诗歌或优美词句运用到习作中，使我的作文读起来比较优美。	指出自己最大的进步。
4. 下个月我在习作方面要着力改进的地方是把重点的地方写得更清楚、生动，不记"流水账"。	在习作改进方向上有了明确的目标。

【点评】

这个案例采用了自我评价法。学生对自己一个月的习作进行回顾和反省。学生感受到了自己在写作过程中的进步和成就，培养了写作的兴趣和信心。学生发现了自己在写作中的优势和不足，还明确了自己要改进的目标和方法，这样评价的激励与发展性功能充分地发挥出来。这种评价方式有助于培养学生的自我评价与自我反省能力。

四、作品分析评价法

作品分析评价法是一种以学生的作业、测试卷、日记、自述、作文、创作活动等作品为对象，对学生进行分析评价的方法。这种方法要求教师事先准备好作品分析的框架，在分析的过程中尽可能运用多种资料互相补充印证，以免产生偏见和错误。

案例四

学生评价卡片

(一) 自评卡

我在《中国茶文化》主题探究性学习中的表现:

我作为"茶与名人"小组的组长,在带领小组同学进行探究性学习的过程中,通过网络、图书、采访等方式探究中国茶文化的起源与传说,并把所查资料进行选择、重组、提炼。带领小组同学交流学习中的发现,综合每个人的探究结果,形成精炼的汇报内容,并针对组员的特点策划汇报方式。

在探究性学习中,我自己最满意的方面是:把汇报内容编成了同学们喜欢的评书,同时调动了全组同学探究的积极性。

我最大的收获是:

我感受到中国茶文化的博大精深,并懂得了运用知识比获得知识更重要。

我还需要反思和努力的方面是:

①我在取舍资料时,没有注意详略得当。

②在汇报时,形式比较单一,参与的人数也较少。还应再丰富汇报的形式,同时,使更多的同学能参与进来。

我对自己的评价是:

在探究的过程中,我发挥了组长的作用,激发了小组同学学习《中国茶文化》的热情,使我们小组更有凝聚力。解决问题时我的发言经常和其他成员碰撞出思想的火花,提高了我的创造力。

(二) 总评卡

《中国茶文化》主题探究性学习

星级评定

自评★★★★☆　　　同学★★★★★

教师★★★★★　　　家长★★★★☆

老师的话:

看到你带领"茶与名人"小组主动查找资料,进行采

旁注:

学生对探究活动的整体流程进行简要概括。

把研究性学习的成果以喜闻乐见的评书形式展示给同学们,有创意。

在活动中感受到中国茶文化的精深。

学生反思不足,明确改进的方向。

自我评价,促进了学生思维的灵活性。

教师评价,充分肯定学生作

访，组织同学交流、汇总、取舍，生成汇报内容。老师由衷地为你高兴。因为你的自主探究能力在不断提高，更重要的是，你能运用所学知识解决探究中遇到的问题。 **同学的话：** 　　你作为"茶与名人"小组的组长和主要汇报人员，发挥了组长的作用，你为同学们评述茶与神农氏和乾隆帝的故事。你绘声绘色的评书表演，成为汇报现场的一大亮点。因为你在平时的排练中十分刻苦，因此才会在汇报时有轻松自如的表现，这都是你努力的结果。希望你以后会有更大的进步。 **家长的话：** 　　在老师的指导下，孩子对茶文化产生了浓厚的兴趣，并积极主动地通过多种渠道查找资料，采用喜闻乐见的评书形式来表演汇报，家长感到很欣慰。感谢李老师用这种方式引导孩子走进中国茶文化，感悟中国茶文化的丰富内涵。	为组长发挥的积极主动作用。 　　生生评价，学生作为被评价者的同龄人，评价更细致具体。 　　家长评价，家长对孩子有深入的理解，评价更能体现出学生态度的变化。

【点评】

案例四采用了作品分析评价法。学生的《探茶有感》，是在《中国茶文化》探究性活动结束后的自我反思，学生从查找资料、采访调查、提炼汇报内容等方面进行总结。该活动使学生的收集、处理信息的能力、合作能力、创造能力和综合表达能力都有了很大的提高。学生评价卡片的设计，让学生的自评与教师评价、同学评价、家长评价融为一体，全方位地描述了学生探究性学习的状况。这种多元的评价主体，多维的评价目标，激励性的评价原则，较全面地反映了学生探究性学习的水平，有助于学生改进自己的学习方式。

五、学习过程记录法

　　学生在知识技能、数学思考、问题解决和情感态度等方面的表现不是孤立的，是相互联系的整体，这些方面的发展综合体现在数学学习过程之中。在评价学生每一个方面表现的同时，更要注重对学生学习过程的整体评价，以及学生在不同阶段的发展变化。评价时应注意记录、保留和分析学生在不同时期的学习表现和学业成就。

　　如下面的课堂观察表可以用于记录学生在课堂中的表现，积累一定数量的课堂观察，可以了解学生学习表现的变化情况。

✎ **案例五**

学生课堂表现观察表

上课时间：2008 年 5 月 7 日　科目：数学　内容：循环小数

项目 ＼ 姓名	王俊	李航	陈涛	张静	赵博	刘彤	高飞
课堂参与	3	2	1	2	3	1	3
提出或回答问题	3	2	1	2	3	1	3
合作与交流	2	3	2	3	2	2	2
课堂练习	2	2	2	3	3	2	3
知识技能的掌握	3	2	1	2	3	2	3
思维与解题	3	2	2	2	3	1	3
其他							

说明：用 3 表示优，2 表示良，1 表示一般

【点评】

　　教师为学生建立课堂表现记录表，作用类似于成长记录袋。通过这个表格，不仅可以观察和记录到每名同学课堂学习的情况，而且对全班同学的学习情况也会有一个整体的记录和掌握，便于教师对学生的学习进行细致的评价，也便于教师及时调整自己的教学组织工作。

六、 对错误答案的评价法

　　学生在课堂上回答问题正确，教师及时进行表扬和鼓励，这种评价容易做到。但是当学生在课堂上回答错误时，教师该怎样处理？批评，会影响学生的学习情绪。不批评，会在其他同学中产生误解，误以为这个错误的答案是正确的。其实，学生在课堂上回答问题出错是正常现象，处理得好，错误也是重要的教学资源，因为此时抓住学生的错误进行恰当的评价，就是抓住了最富有成效的学习时机，更何况有些学生的错误也许正是创新思维的起点。

案例六

<table>
<tr><td>

《轴对称图形》课堂实录

（人教版数学 二年级上册）

在《轴对称图形》的学习中，当学生已经学习了轴对称图形的概念后，教师出示了一组图形让学生判断它们是否是轴对称图形，其中有一个一般的平行四边形。下面是学生和教师的一段对话：

生1：我认为平行四边形是轴对称图形。因为平行四边形分成两个部分，就可以完全重合了。

师：其他同学认为呢？

生2：不是，因为平行四边形沿着对称轴不可能重合。

师：我想与你握一握手！握手并不是表示赞同你的意见，而是因为你给我们课堂带来了第二种声音。大家想一想，如果我们的课堂只有一种声音那多单调啊！

师：其他同学认为对的，说理由；认为不是的，也说理由。

生3：如果单讲这个图形，不让剪的话，就不是平行四边形了。

（在学生再次进行操作实践后，第一个学生改变了自己的看法，知道了平行四边形不是轴对称图形。）

师：你的退让让我们更接近真理！

</td><td>

平行四边形容易让初学者理解成轴对称图形，这个错误有一定的代表性。

委婉地指出这个答案是错的。

充分发扬教学民主，让大家发表意见。

幽默表扬。

</td></tr>
</table>

【点评】

学生对"对折之后完全重合"这一教学难点的理解出现了问题，教师没有立即评价对错，而是通过延迟判断，给了学生一个自我否定的时间和空间。教师没有用自己的想法代替学生的想法，而是先让全班学生讨论思考，错误就在这个积极的思考中慢慢化解了。对于这样的处理方法学生会更容易接受，通过自我否定，更好地改正错误，同时思维也得到了进一步的发展，难点也因此而化解了。由此可见，错误的暴露对学生来说是一件好事，对教师来说，正是帮助学生理解新知识的契机。

新课程改革强调通过课程评价促进学生的全面发展，了解他们的需求，帮助学生建立自信。教师在评价学生时，一定要注意评价手段的多样性和灵活性，注

意将形成性评价与终结性评价、定量评价和定性评价相结合。同时要将教师评价与学生的自我评价及家长评价相结合，确立学生也是课程评价主体的观念。通过正面引导，促进学生发展。

第七节　怎样进行教学反思

教学反思是指教师自觉地把课堂教学实践作为认识对象，进行全面深入的冷静思考和总结，通过理性观察与矫正，提高自己的教学能力。经常性的教学反思可使教师从经验型教学走向研究型教学，不断促进自身的提高。下面通过具体案例介绍如何进行教学反思。

一、对教学中偶发事件的反思

课堂教学中的偶发事件虽然不经常发生，但有时也会影响教师备课时预设的教学步骤和教学内容。面对偶发事件，教师应该有一定的应变能力，使偶发事件成为掀起课堂教学小高潮的契机。

✎ 案例一

《乌鸦喝水》教学片断

（长春版　一年级下册）

通过指导学生看图、朗读相关的段落，以及用装水的瓶子、小石子演示乌鸦喝水的过程，学生已经明白了乌鸦喝水的这种行为后，教师提出问题。

师：同学们，你们说这只乌鸦聪明吗？

生1：我觉得这只乌鸦很聪明，因为它能利用瓶子周围的小石子想到好办法，喝到了瓶子里的水。　　按照事先准备的教案回答，答案应该是唯一的。

生2：我也觉得这只乌鸦很聪明，因为它遇到困难肯动脑筋去想办法，最后喝到了水。

生3：我也觉得乌鸦很聪明，它用的这个方法我都没想出来。

（此时，绝大部分同学都已经形成了"乌鸦真聪明，它能用向瓶子里装石子的办法，终于喝到了水"的共识。）

生4：（十分激动地）老师，我有不同意见，虽然乌鸦最后喝到了水，但我并不觉得乌鸦很聪明，用乌鸦的这种办　　出现了偶发事件，学生不同

法并不一定能喝到水。

（此时，教室里像炸了锅似的，同学们开始纷纷议论。）

师：（有些惊讶）为什么这样说呢？

生4：因为石子会把水淹没。

师：看来你一定做过这个实验，能讲一讲吗？

生4：前几天我和同学玩的时候，我们往各自的瓶子里扔石子，他的瓶子里装的水多，扔进石子后，水马上就满到了瓶口，而我的瓶子里的水少，装了半天的石子，水面才上升了一小点，石子被水淹没了，所以我想只有当瓶子里的水至少有一半的时候，乌鸦才能喝到水，可是书中说瓶子里的水不多，如果只是很少的水，我想乌鸦就喝不到了。

师：（教师带头鼓掌）你能够大胆地发表自己的看法，这种精神值得我们每一名同学学习，同时，你们在平时玩的时候，发现一些小问题，看来你是一个善于观察的孩子。同学们，我们都应该向他学习，在平时的游戏中做一个有心的人。

生5：我觉得乌鸦用投石子的方法也得需要有耐心，因为往瓶子里投很多石子，才能喝到水，这是很浪费时间的。

师：你说得很好，我们做事情除了要动脑筋，还要有耐心。如果你是这只小乌鸦，瓶子旁边没有小石子该怎么办呢？看谁想出的办法最好？（一石激起千层浪，此时，同学们纷纷举手发言。）

生1：如果我是这只乌鸦，我就想办法把瓶子打碎，然后就可以喝到水了。

生2：我觉得这样做，水就洒了，乌鸦根本喝不着水，如果我是这只乌鸦，不打破瓶子，而是把瓶子放倒，这样就可以斜着身子喝到水了。

生3：我不同意，瓶子里的水本身就不多，斜着放倒，乌鸦还是够不着。

师：那你有什么好办法吗？

生3：拿一根吸管就可以了。（全班哄堂大笑）

师：多么可爱的设想啊！

生4：如果我是这只乌鸦，我会找一些朋友来帮忙，把瓶子里的水倒出来，这样就可以喝到水了。

意课文中的答案。

此时教师没有压制学生的想法，给了他充分发表自己意见的机会。

学生的答案来自游戏中的实验。

教师也被学生的答案所折服。

学生还是离不开课文的思路。

以此为契机展开讨论，扩大解决问题的思路，形成了发散思维。

这个想法是最有创意的。

师：你们都比那只乌鸦聪明，因为你们遇到困难肯动脑筋想办法。同学们，老师希望你们能把这种精神用在学习和生活中，你们能做到吗？ 生：（齐声回答）能！	及时的鼓励和表扬非常重要。

【教学反思】

　　课前，关于这篇课文中乌鸦投石子喝水的办法，我觉得是非常简单的常识，而且还结合实验演示，学生应该很容易就理解，不会有什么异议，可唯独没有想到学生提出了富有生活根据的见解——乌鸦不一定能喝到水。这句话是否正确是次要的，重要的是，它充分表现了这名学生大胆质疑的精神，他能在游戏中做个有心人，得出结论后大胆发表自己的意见，那更是一种求实的科学品质，这是多么值得我们去赞扬的精神品质呀！这节课我没有完成自己事先写好的教案，上课的思路也被打断了，但课后我想，如果当时我一味地忙着完成教学任务，一味地跟着教案走过场的话，学生就不太可能会深入思考，不会碰撞出思想的火花，不仅把一个极富创造性的见解扼杀了，同时，还可能扼杀了学生对学习的兴趣和积极性。

　　《语文课程标准》提出：阅读是学生的个性化行为，不应以教师的分析代替学生的阅读实践。像这样有价值的生发点在我们的课堂中处处存在，如何将它挖掘出来，引发思想的共振而使学生有所得？我想教师要放开手脚，让孩子大胆地说，说自己心中的想法，说自己的独特见解，鼓励学生畅所欲言，热烈地讨论，使学生在互动中不断地形成独特的感受和见解，让孩子充分陈述理由，无疑会带动更多的学生去留意生活，去大胆思考。只有这样，教师才能敏锐地抓住学生思维的闪光点，引发课堂的交流讨论，从而把学习引向深入，学生才能真正成为学习的主人。

　　【点评】

　　教师在上课前，必须认真备课，并写出详细的教案。但在具体的课堂上，可能会因为偶发事件打乱教师在教案中预设的内容。遇到这种情况，教师可以不理睬课堂上的变化，继续按照事先准备好的内容进行讲解，也可以停下来，处理教学过程中的偶发事件。本案例就属于第二种情况。老师能敏锐地抓住学生思维的闪光点，在课堂讨论中，学生的思路被打开，帮助乌鸦想出了另外四种能够喝到水的办法。这节课由于对偶发事件处理得当，使学生真正成为了学习的主人。

二、 对每一步教学过程的反思

上面列举的案例都是在教学之后写的总结式反思文章。还有一种是针对教学过程的每一个环节写的反思文章。这种文章对教学经验的反思更有针对性。

案例二

《爷爷和小树》课堂教学实录

（延教版 一年级下册）

【教学目标】

知识和能力：1. 学习"衣"和"伞"，能正确书写。

2. 认识新笔画"竖提"。

过程和方法：熟读课文，背诵课文。

情感态度和价值观：懂得爱护树木，保护环境。

【教学重点】 学习运用两个汉字，熟读和背诵课文。

【教学难点】 在朗读中引导一年级学生从小养成爱护花草树木的意识。

【教学辅助手段】 课件、词语卡片、实物。

【课 时】 第二课时

师：我们来玩开火车的游戏，比比谁读的词语最好！

（出示带生字的词语卡片，让学生轮读。）

（生读词语卡片上的文字。）

（反思：采用轮读的形式检查学生掌握生词的情况，在生词的复现中巩固了认字，为学习新字作了铺垫。）

师：爷爷和小树之间发生了什么故事呢？请同学们边读边找。

师：天冷了，爷爷为小树做了什么？

生：天冷了，爷爷给小树穿上暖和的衣裳。

（师出示句式，生轮读。）

师：爷爷给小树穿上——

生：暖和的衣裳。

师：（学生回答的同时点击媒体，屏幕出现"衣"字。）

你们观察一下，能不能作出这个动作来？

（反思：一年级的孩子只凭直观地看，是无法摆出"衣"这个姿势来的。当我把两只胳膊微微伸展提示他们的时候，马上有一个男孩站起来要表演。我索性把他叫到前面来。在我们师生的共同配合下，很形象地做出了"衣"

的动作，我又适时把握住这个契机，大力表扬这个善于表现自己的勇敢的孩子，也随机引出了新的笔画"竖提"。通过媒体演示了书写笔画，学生由欣赏表演自然过渡到了媒体欣赏，还完成了学习汉字新笔画的任务，我也很轻松地实现了教学目标。）

（师书写指导，生练写汉字。）

师：你们能给"衣"找朋友吗？

生：（踊跃发言）衣服、上衣

生：雨衣、大衣、风衣、毛衣……

师：你们知道的词语可真多啊！

生：穿衣服、衣裤

生：我喜欢穿妈妈给我买的毛衣……

（反思：随文引字，"衣"是本节课的难字，也是我们日常生活中的常用字，虽然写起来比较难，但对于它的应用并不难，学生能说出许多关于"衣"字的词语和句子来。达到了预期的效果。）

师：爷爷给小树穿上了暖和的衣裳，小树——

生：（共同回答）——不冷了。

（学生自由朗读重点句子："天冷了，爷爷给小树穿上了暖和的衣裳，小树不冷了。"教师再相继去掉一些词语，让学生以填空形式练读句式：____给____。）

（反思：一年级的小学生口语表达能力差缘于没有语言积累，对于把汉语作为第二语言的朝鲜族学生来说，更需要加大朗读训练的力度。我抓住重点难读的句式，让学生充分地读，以读促说，以读代讲，让学生读得琅琅上口，并在读中体会到小树不冷的原因，在情感上受到老爷爷爱护小树的感染，培养学生从小爱护花草树木的意识。）

师：天热了，小树给爷爷做了什么？

生：小树给爷爷撑开绿色的小伞。

师：小树为爷爷遮阳，爷爷会对它说什么呢？

生：小树你真好！

生：小树，你真是知恩图报的小树啊！

生：小树，你快快长大，为更多的人遮阳！

生：小树，有你给我遮阳，陪我真好啊！

生：小树，谢谢你！

（反思：学生说出了最真实的心里话，他们在向小树说感谢的同时，也被爷爷和小树互帮互助的情谊所感动。这些都是通过让学生充分阅读后达到的

效果。）

……

师：小树撑开树叶变成了绿色的伞。出示实物——绿色的小伞，你们有什么新发现？

生：（举手想说的同学并不多）这是绿色的小伞。

生：伞的顶部像"人"。

生：伞的下半部分像"十"……

师：你真是个细心又善于观察的孩子啊！

（反思：培养一年级学生善于观察和发现的习惯，并能正确地表达出来，这是教学预期达到的效果。事实上，学生都有了发现，但是发言的并不是很多。而且在表达的时候出现了很多的语病和语言上的错误。）

（教师进行书写指导，学生练习写汉字。）

小组背诵课文（合作学习）。

师：谁能来背一背？（学生纷纷举手背诵。）

师：你们真是聪明的孩子，都能背下来了。下面我们比比谁写的更好！（出示学习题卡。先做完的同学学习课外读本——儿歌。）

……

师：同学们，通过今天的学习，我们了解了小树和爷爷之间互相帮助的故事。知道了小树不仅可以美化环境，还可以净化空气，希望你们都能做一名爱护树木爱护环境的好孩子！

【教学反思】

1. 关注学生的人格培养，这是新课标大力提倡的。课堂不仅应该向学生传授知识，更应该关注学生的人格培养。我们在大力培养学生朗读和识字能力的同时，还要注意对学生进行引导和教育。这节课抓住小树不冷和爷爷不热进行对比，启发教育学生爱护树木，保护环境，并在阅读中受到潜移默化的影响。

2. 注重朗读，随文识字。以读为主，以读代讲，以读促说，加大朗读密度和广度，让学生在读中有所悟。读中识字，做到字不离词，词不离句，句不离文。并抓住重点句式，以此为训练点，训练学生的口语表达能力。

3. 识字方法的多样化。通过动作、实物、媒体演示等直观形象的方法，引导学生运用多种方法识记汉字。在练习中让汉字反复再现，加深对汉字的记忆。在汉字的讲解上也分侧重点，突破难点。

【点评】

在本案例中，授课教师对本节课的各个教学环节都有反思，指出教学的亮点，也指出学生在学习过程中出现的问题，文中用仿宋体字标注的就是授课教师针对每一教学环节写的短小的反思文字。最后，还有对整节课的教学指导思想、教学方法进行的反思，并总结了本节课成功的经验。

三、 对学生学习方式的反思

新课程理念特别强调学生学习方式的转变，传统的以教师讲授知识为主的填鸭式学习方式已经被自主、合作、探究的学习方式所取代，新课程改革强调教学活动是师生积极参与、交往互动、共同发展的过程。有效的教学活动应该是学生学与教师教的统一，学生是学习的主体，教师是学习的组织者、引导者与合作者。因此，关注课程改革的新理念，反思对学生的学法指导，就成了新课改的焦点之一。

✎ **案例三**

《认识钟表》教学片断	
（北师版 一年级上册） （教学片段：认识整时、半时。） **一、初步感知整时、半时** 师：钟面上有什么你们都清楚了，那么，你们会认时间吗？ 生：会。 师：（教师出示自制钟面）谁会认这个时间？ 生：9时 生：7时半 生：2时半 生：4时 （教师依次将钟面张贴在黑板上：9时、7时半、2时半、4时。） **二、分类整理** 师：观察这些钟面可以怎样分类呢？ （学生讨论如何分类并汇报。） 生：9时、4时是整时。	 出示教具。有整时的教具，也有半时的教具。 先通过分类认识什么是整时，什么是半时。

生：7时半、2时半是半时。	
三、师生共同探究，认识整时	整时的认识
师：通过观察你发现了什么规律。	是经过师生讨论。
生：分针指向12，时针指向几，就是几时。	
四、自主探究，认识半时	
师：整时的时间你会认了，怎样认半时的时间呢？请同学们在小组里共同研究。	半时的认识是学生自主学习。
（学生汇报半时的判断方法。师生共同总结规律。）	

【反　　思】

　　回想起这快乐的、无拘无束的40分钟，我心中充满了许多感慨。感慨孩子们在课堂上出色的表现，感慨新课程改革带来的新气象。我真不敢相信，六七岁的孩子竟然知道得这么多，合作得这么好。数学已经成为了他们接触生活、了解生活的一个工具。

　　在上这节课之前，我努力挖掘教材的两个优势：

　　1. 情境创设得好，是儿童熟悉和感兴趣的。

　　2. 素材提供得好，它基于学生的生活经验。根据本班学生的知识经验和认识水平以及教材的特点，在教学中我采用小组合作的学习方式，给学生多次交流的机会，引导他们去自主地学习探究。在学生交流时，我把自己也看成是小组中的一员，认真倾听他们的意见，关注他们在活动中所表现出来的情感，以便及时引导。看到孩子们一张张快乐的小脸，我深深地感受到：只有"活"起来的数学课堂，才会真正成为学生探索的课堂。

【点评】

　　小学一年级的学生已经具有一定的认识钟表的经验，但并不是所有的学生都掌握了这方面的知识。教师针对这一情况为学生提供了一个展示、交流的平台，整个过程由教师引导、小组讨论、观察思考、得出结论、亲自体验组成。在交流中，一部分学生在小组学习中得到了帮助，轻松愉快地获得了知识。这充分发挥了学生的主体意识、合作意识，让学生在自主探究、合作交流中构建自己的认知体系，同时获得了积极的情感体验。

　　教师的成长是一个极其复杂的过程，在这个过程中，教师具有的反思意识和反思能力至关重要。反思意识和反思能力是一种理性智慧，通过反思，教师可以对自己的教育观念进行客观的理性的认识、评价、判断，进行有效的调节，并最终形成教师个人独特的教育观念。反思意识和反思能力的发展，可以使教师的自

主能力逐渐得到增强。

第八节　怎样使用教学辅助手段

教学辅助手段可以使教学活动更直观、更形象地进行，教学效果好。在小学教学中运用的教学辅助手段主要包括以下几个方面：图片、声音、动画、视频、建立教学网站等，这几个方面的运用相对独立但又不完全割裂，往往相互交叉使用。下面我们通过案例了解教学辅助手段在小学课堂中的运用问题。

一、教具

教具一般指在教学时用来讲解说明某事物的模型、实物、图表或幻灯等。教具的使用可以使知识的学习变得更具体、清楚，可以增加课堂学习的效果。

案例一

《称赞》教学实录节选 （延教版　二年级下册） 　　师：这节课我们接着学习第十课《称赞》，老师希望你们能够通过有感情地朗读课文，体会到称赞带来的快乐。 　　师：老师先来考考大家，看看谁能得到老师的称赞。（出示字卡，轮读并组词。） 　　师：现在请同学们自读1—5自然段，找一找小刺猬是怎么称赞小獾的。 　　（生回答。） 　　（出示句子："你真能干，小板凳做得一个比一个好。"） 　　师：谁来读一读这个句子？ 　　（生读句子。） 　　（出示小板凳的图片。） 　　师：板凳做得很好吗？ 　　生：很粗糙。 　　（放大三个小板凳，理解什么是"粗糙"。） 　　师：板凳做得很粗糙，为什么小刺猬还要称赞小獾呢？ 　　生：它做得很认真。	 　　字卡就是一种教具，它可以反复使用，既经济，又可以达到随时复习的目的。 　　图片也是一种教具，它很直观，能根据图片提出问题，让学生思考回答。

师：是呀，因为他做得很认真，所以做出的板凳一个比一个好。你们想不想称赞这只认真又能干的小猫呢？ 生：小猫，你真能干，小板凳做得一个比一个好。 师：你能不能用这个句式称赞一下你的同学呢？ 生：×××，你真能干，你写的汉字一个比一个好。 师：听了别人的称赞，你的心情怎么样？小猫听了这样的话，心情怎么样，谁来找读一下？ 生："真的吗？小猫高兴极了。" ……	由称赞小猫过渡到称赞同学，既活用了句子，又活跃了课堂气氛。

【点评】

从广义上说，凡是用在课堂上，能够增加课堂教学效果的辅助工具都是教具。本案例里的教具一是卡片，二是小板凳的图片。卡片和图片具有使用范围广、直观、生动形象的特点，能增加学生的感性认识，提升他们的形象思维能力。由于它们可以重复使用，是许多老师上课时的首选。

二、动画

动画在小学教学中被广泛使用，是现代信息技术与课堂整合的重要组成部分。它符合儿童天真好动的性格特征，能更形象更生动地表现教学内容，更容易被学生接受。当然动画的使用也要适当，不能太多亦不能太少，恰到好处是最佳境界。一般说来，动画是通过课件或者 flash 表现出来的，而后者又常常穿插在前者中。

✒ 案例二·

《荷叶圆圆》课堂教学实录节选 （延教版　三年级下册） 师：这节课，我们继续学习第十四课《荷叶圆圆》。瞧，圆圆的荷叶漂亮吗？词语宝宝们就藏在下面，我把它们请出来，你们愿意和它们做朋友吗？你们能猜出它们是谁吗？ （课件依次点开一个荷叶，出现词语。） 师：上节课我们已经了解到荷叶有许多小伙伴，他们之间发生了许多有趣的事情。下面就让我们一起去看一看、听	使用动画的形式出现词语，增加了直观形象性，有利于激发学生的学习兴趣。

一听吧!
    (放课件出现图画,师范读。)
    师:你们听到了什么?看到了什么?
    生:我看到了满池的荷叶很漂亮。
    生:我看到了小青蛙,还听到它"呱呱"地叫。
    生:我看到了小蜻蜓。
    生:我看到了小水珠躺在荷叶上。
    生:我看到了小鱼儿在水里游来游去。
    师:我们的书中也讲述了荷叶与四位好朋友之间发生的有趣的事情,下面就让我们来读一读,比一比谁读的最流利、最有感情。
	再次通过播放课件,培养学生的观察能力和语言表达能力。
	
	    由动画自然引向课文的学习。

【点评】

本案例虽然只节选了一小段,但却两次使用了动画来增强课堂教学效果。第一次是把词语宝宝藏在圆圆的荷叶下面,不仅与课文的标题《荷叶圆圆》相呼应,而且词语的依次出现不断增加神秘感,吸引了学生的注意力。第二次使用动画是在教师范读课文时,学生一边听老师读课文,一边欣赏画面。声音和图像的结合培养了学生的想象力和观察力,后面的发言很踊跃,与动画的使用是分不开的。

三、视频

作为现代信息技术与学科整合的又一个重要因子,视频也时常被运用到教学中来。它比图片、动画等更直观,技术含量更大,同时也更容易调动学生的情绪,活跃课堂气氛。随着现代信息技术的普及,在课堂教学中使用视频增强课堂教学效果不但得到了教师们的认可,而且也成为最受师生欢迎的教学辅助手段,但在教学中应该注意视频播放的时间不能太长,不能喧宾夺主,恰当即可。

案例三

《与象共舞》教学实录 (长春版 五年级下册) 生:(课文中大象为人按摩的一段)从这里可以看出人和大象的关系是非常亲密和谐的。如果它和人的关系不亲密不和谐的话,它怎么会为人按摩,而且力度还掌握得那么好?	

师：大象如此聪明而又有灵气，百闻不如一见，我们一起来看一看。（播放录像）这就是大象为人按摩的情景。

师：好了，录像我们看到这里，说说看完之后你有什么感受？

生：我感觉大象很可爱。

生：我感觉大象和人之间的关系很亲密。

师：不仅人爱护大象，大象也非常爱护人。大象出色的按摩技术真是让人赞叹呀！下面我们一起来读一读这段话吧。（出示课件）

生：（齐读）最有意思的是大象为人做按摩（mō）。成排的人躺在地上，大象慢慢地从人丛里走过去，它们小心翼翼地在人与人之间寻找落脚点，每经过一个人，都会伸出粗壮的脚，在他们的身上轻轻地抚弄一番，有时也会用鼻子给人按摩。（其他回答略）

师：大象实在是太有趣了。不过老师告诉你，它会的可不止是这些。同学们请看图片（播放图片）。

师：这是大象在倒立。

师：这是一群大象在集体看电影。

师：这是大象在骑单车。

师：这是大象在踢足球，真有点足球明星马拉多纳的味道。

师：这是大象在画画，真是一位丹青高手。

……

师：大象和人一起跳舞，我们觉得仿佛是不可思议的。想看吗？

生：想。

师：来，我们一起来看。（播放大象与人跳舞的录像）注意观察大象的动作。

师：真是很有趣。想说点什么？

生：大象蛮有音乐细胞的。

生：大象在人类面前没有惧怕的感觉，很轻松很自然地为人表演。

师：这体现了大象与人之间亲密和谐的关系。

……

由大象为人按摩这一段过渡到录像的播放，满足了学生的好奇心，同时也显得自然。

看过录像后，教师与学生交流感受。一方面可以加深印象，另一方面也可以看出大象与人关系的亲密和谐，强调课文主题。

大象除为人按摩外，还有许多的绝技。课文延伸，扩大学生的知识量，同时也加深学生对大象的认识。

用录像的方式展示大象与人共舞的情景，调动了学习的积极性，满足了好奇心，同时加深了学生对全文内容的理解与认识。

师：大象从最初为人们做工服役、奋勇杀敌，到现在为人们表演，可见，象与人们的生活是息息相关的。象在泰国已经成了一种标志性的文化，不过呀，泰国是一个充满了神奇色彩的国家，令人惊讶的还有其他的文化，我们一起来看一看。 （播放有关泰国文化的录像）看看泰国还有哪些风俗习惯呢？ 师：这是泰国人在跳泰国舞。 师：这是泰国人的斗鸡比赛。 师：这是泰拳。 师：同学们看这是泰国的国花——兰花。 （后略）	由泰国的大象文化过渡到其他的风俗习惯，注意培养学生多向思维，扩大其知识面，也是语文综合性学习的一个重要方面。

【点评】

在这个案例中，录像的使用短小而又生动。大象为人按摩，大象与人共舞这些不可思议的事情真实地发生在学生眼前，让他们又惊又奇，同时也使文章的学习更轻松、更生动。教师在录像播放后让学生畅谈感受，一方面加深了观看时的印象，另一方面又紧扣文章主题，使整个课堂显得紧凑而又不失活泼生动，是视频运用与语文课堂整合的一个成功案例。

四、建立学习网站

学习网站的使用在小学教学中虽然运用得不多，但经过教师精心设计的教学网站对提高学生的学习兴趣，扩大他们的知识视野，丰富课堂教学内容都有着更大的便利，应该是教师们发展自己的才能，开拓课堂教学新领域的一个阵地。

案例四

《五彩池》教学实录 （上海版 四年级） 师：现在请同学们自由地读文章2、3自然段，把你认为最奇异、最吸引你的部分反复地有感情地多读几遍，还可以和其他人交流你的感受，边读边想象，遇到不懂的问题还可以借助我们的"五彩池主题学习网站"去浏览，好的，开始吧。	"五彩池学习网站"是利用多媒体制作的一个与本课学习有关的网站，是一

生：（读自己找到的表现五彩池奇异的句子）这里写的五彩池在天上，而且只有一个，而黄龙寺九寨沟满山坡的五彩池却多得数不清。证明九寨沟比天上还美丽！

师：我们的学习网站上还有一个美丽的关于五彩池的神话传说，我们一起来读一下吧。

师：天上的五彩池很美，但却没有我们人间的五彩池多。还有吗？

生：我是从这里看出五彩池的奇异美丽的。（读自己找到的部分）

师：池子还有什么形状的？

生：有的像叶子。

生：有的像火红的太阳。

生：有的像闪烁的小星星。

生：有的像苹果。

师：看来它的形状真是非常多呀。你能用一个词来概括这些形状吗？

生：玲珑多姿。

生：多姿多彩。

生：千姿百态。

师：我们看看课文里面是用的哪一个词？

生：玲珑多姿。

师：玲珑多姿可以用我们刚才说的词语来替换吗？为什么呢？

生：不可以。因为"小"本来就有玲珑的意思了。

师：我们共同看"五彩池简介"。

生："简介"中说五彩池是小巧玲珑的，它很小。

师：对呀，与其他的海相比，五彩池算是小巧的了。再加上它形状各异，真的可以算是细致精巧。所以，作者用玲珑多姿来形容它再恰当不过了。

师：同学们再看这句话"五彩池大大小小，玲珑多姿"，这句话与下文有什么关系吗？

生：这是概括说的，下文是具体说的。

师：五彩池被描写得这样美，请同学们到我们的学习网站中看"影片1"。并用文中的语言为画面配音。

个完整的教具。这是本节课的一个亮点。

"神话传说"作为学习网站的一个部分，是对课文第1段的介绍，帮助学生快速地进入课文，以此引出下文的五彩池。

五彩池形状各异，教师逐步引导学生进行阅读。

体会文中"玲珑多姿"一词的精妙使用，并引导学生找出原因，顺势引出网站上"五彩池简介"的部分。

由"五彩池简介"找出五彩池的一些特点，为下文的讲授做出铺垫。

"影片1"的观看让学生更

（教师配音，学生跟随着试着配音）

师：五彩池奇异的形态已经让我们着迷，但它不是最美的，最美的要算五彩池鲜艳夺目的池水。想一睹为快吗？我们一起来看一看。（播放池水的视频）

师：你看了这段录像后有什么感受？

生：池水太迷人了，真想自己去看一看。

师：真美呀。你能用一句话来形容你刚才看到的画面吗？

生：五彩池色彩缤纷，绚丽夺目，有的是柠檬黄，有的是浅红色，有的是碧蓝色，还有的是深褐色，迷人极了。

师：真好！孩子们。你们很不简单呀。让我们看看文中池水是怎样的美丽吧。

（生读文中描写池水的部分）

师：通过他的朗读你感受到什么了？

生：我感受到这个五彩池真的十分美丽，十分迷人。

生：我觉得五彩池太不可思议了。

……

师：五彩池的池水是五颜六色的，它为什么是这样的呢？谁知道？

生：我是从网上了解的，请同学们看"颜色成因"。（到讲台与同学们讲解）

师：文章也用简洁的文字为我们做了介绍，我们一起来读一下。

（生齐读）

师：孩子们，这是一种自然现象，也是一种光学现象，你们到中学后会进一步学习。你们还发现有其他的原因吗？

生：请同学们点击"周围植物"。因为周围的植物也是五颜六色的，它们映衬在水中，也使水变得五颜六色的了。

师：对了，多彩的植物映衬在水中，使水的颜色更富于变化。此外，因为池水的深浅不同，人所站的观察角度不同，还有水底的沉积物不同，都使五彩池呈现出缤纷绚烂的色彩。这些都是它颜色变化的成因。看到这样的美景，作者不禁由衷地发出了感叹，同学们齐读一下。（生齐读课文）

师：孩子们，当我们懂得欣赏、热爱自然的时候，实际

直观地认识五彩池。配音，训练了学生的口语表达能力。

池水的视频，让学生直观感受其美丽，让学生畅谈其感受也是在训练他们的口语表达能力。

美丽的池水五颜六色，其成因是什么？"颜色成因"部分非常全面地给出了答案。学生从学习网站上即可了解到全面的知识。

学生读课文，进一步体会五彩池的奇异迷人。

上我们就会变得很快乐,很富有。因为大自然的每一棵树,每一朵云,每一片海,每一座山都是给我们准备着的。只要我们学会去欣赏它,它都可以变成我们的一笔财富,包括这人间瑶池——五彩池。那么,大自然的鬼斧神工不仅仅创造了一个五彩池,还创造了很多人间奇景,你在学习网站上还看到了哪些呢?

生:我从"其他"这里看到了许多湖泊。

生:我觉得青海湖非常美丽。

生:我觉得五大连池很美。

师:老师带大家去九寨沟看一下那里的神奇风光,好吗?(播放九寨沟旅游的视频)

师:美吗?好了,孩子们,九寨沟迷人的风光让我们意犹未尽。其实,当我们懂得欣赏大自然的时候,我们就可以享受到大自然带给我们的美。所以,请同学们回家后把你旅游时见到的奇美的景象记录下来,和同学一起分享,好吗?

教师总结,将热爱大自然的情感顺势地带出来,使学生得到情感上的启发。

"其他"部分形象地展现了更多的大自然的美丽,开阔了学生的视野。

九寨沟的奇异风光由视频的形式呈现在学生的面前,加深了对课文内容的学习。

【点评】

在案例四中,"五彩池学习网站"是本堂课的一个亮点。学生通过浏览该网站,可以直接了解到课文的基本内容,"美丽传说"、"五彩池简介"、"颜色成因"、"其他"等都直观而形象地丰富了对课文的学习,调动了学生的积极性,满足了好奇心,达到了更好的教学效果。

我们在这一节中通过案例介绍了图片、动画、视频与学习网站等教学辅助手段的运用方法,这些教学手段有机地结合在一起,交叉使用,使课堂达到了更好的教学效果,有效解决了现代教育技术与学科整合问题。

第九节　怎样说课

说课是指教师在备课的基础上,依据课程标准和教材,在教学理论的指导下,结合教师和学生的实际,向其他教师说明本节课的教学指导思想和教学设计。即说清楚教什么、怎么教和为什么这样教。说课是教师间交流教学经验,提高教学质量的一种很好的教研活动。说课的时间以不超过十分钟为宜。

说课的基本内容大体包括说教材、说学生、说教法、说学法、说教学程序等

五个方面，有些说课教师还把说课上升到理论层面去认识，因此，在说课过程中会自觉地运用新课标理念去提升自己的说课水平，让听课的人不仅知其然，还知其所以然。

案例一

《三峡之秋》说课设计

一、说教材

《三峡之秋》是人教版小学语文教材第九册第14课的教学内容，作者方纪。本文行文线索清晰，以时间为序，向我们展示了三峡中秋这一天富于变化的美。在介绍景物特点的过程中，作者注意通过描摹具体事物来表现景物特点，并将自己的感情融于对景物的描写之中，是一篇景美、情美、语言美的文章，利于学生在学习过程中积累语言、培养语感、提高审美情趣。

1. 教材所处地位及前后联系

本文是本单元最后一篇课文。同时，作为一篇略读课文，文章结构清晰，内容易懂，五年级学生完全有能力在掌握了写景状物类文章的写作方法后，进行自主学习完成学习任务。

2. 教学目标

知识目标：

（1）理清文章行文顺序，了解一天当中三峡景物有哪些特点，体会文章字里行间所蕴含的情感。

（2）品读、积累好词佳句。

（3）收集资料，进一步了解长江三峡。

能力目标：

提高学生的审美情趣，使学生在获得审美体验的同时，产生对大自然、对祖国大好河山的热爱之情。

3. 教学重点

（1）把握文章的行文顺序，了解作者通过哪些景物写出了三峡不同时间内的特点。

（2）充分发挥想象，体会文字所描摹的画面之美，有感情朗读。

4. 教学难点

（1）引导学生通过想象感受三峡秋色之美，体会作者语言之美，体会寓情于景、情景交融的写法。

（2）对于"夜"的宁静与神秘这一特点的理解、体会。

二、说学生

本年段学生对写景状物特类文章的写法已有所了解，也初步具备了一定的自学能力，特别是通过多种方式进行收集、处理信息的能力已建立起来，完全能够主动地完成学习任务。同时，从内因来看，学生已经具有自主学习、展示自我学习能力的愿望。

三、说教法

本篇略读课文侧重以学生自主学习为主，通过创设情境、激发想象、小组合作、引导探究、品读感悟等方法，激发学生的学习兴趣，给学生以充分地自主学习的空间，让学生在语言实践中学习语文，提高自学能力，提高感悟、理解、欣赏等能力。

四、说学法

结合教法，引导学生自主学习。促使学生在自主阅读提示的学习要求过程中，提高自学能力，建立学习信心；引导学生自主选择学习内容，用自己喜欢的方式进行朗读，体会学习过程的快乐。

五、说教学程序

1. 创设情境 激发学习兴趣

首先，引导学生看三峡风光的图片，激发学生的向往之情，继而想进一步了解三峡秋色的愿望。兴趣是最好的老师，通过图片的出示对学生进行视觉上的刺激，激发学生对美的向往之情、对三峡的探寻兴趣，有利于学生全情投入地进行下面的学习。

2. 围绕阅读提示展开自主学习 充分发挥学生的主体作用

首先通过阅读"提示"，归纳学习要求，引导学生自主学习，正确把握略读课文的特点。在学生掌握行文顺序和主要内容后，以小组为单位交流、汇报。

语文阅读教学应引导学生在整体感知文章内容的基础上进行进一步的品读、理解、感悟、欣赏，此环节是在学生课前预习的基础上，引导学生再次整体感知课文，促进合作。

引导学生选择自己喜欢的部分，有感情朗读课文，在读文的过程中想象文字所描绘的画面，获得审美愉悦；同时，借助多媒体辅助教学，为学生创设学习情境，使学生更好地把握、理解景物特点，使学生的情感与作者的情感融会贯通；并在对夜的"神秘"这一难点处进行指导。

语文教学提倡为学生创设学习情境，激发学生的情感，所以在教学这样一篇写景优美的文章时，应努力通过引入课外资源（影音资料）来调动学生

的学习热情。同时，电教手段的使用对于突破文章的难点起到了不可或缺的作用，这正体现了开发课程资源的意义。

3. 总结全文 扩展延伸

在总结写法的同时，引导学生课后进一步了解三峡的过去与现在。此处设计是一种大语文观的体现，语文学习的外延应等于生活的外延，让学生在课上学习的基础上进一步扩大学习领域，使其对三峡、对自然怀有更深切的关怀，也是一种人文情怀的体现。

六、说板书设计

14*　三峡之秋

早晨：	树（露）	清新而明丽
中午：	江	热烈
下午：	雾、江	平静
夜：	渔火、灯标	宁静
	月、山	神秘

【点评】

这篇说课稿从教材、学生、教法、学法、教学程序五个方面解说了对《三峡之秋》这篇写景散文的教学设计，层次清楚，重点突出。尤其是"说教学程序"环节，在解说每一步教学程序时，还加入了自己的设计理念，使读者即能知其然，又能知其所以然，提升了说课的理论色彩。

说课属于语文教研活动，各种类型的说课比赛也很活跃，通过观摩和交流，可以扩大教师的视野，对提高教师的从教素质有很大的帮助。

第二编
小学学科教学研究

第一章 语文教学

第一节 识字教学

识字教学是阅读与写作的基础，是小学语文教学的重要内容之一。同时，识字又是掌握各种知识的基础，是开展其他学科教学的基础，因此，识字教学成为小学教学最重要的任务和最先进行的步骤。这里主要从拼音教学、识字教学、写字教学三个方面进行阐释。

一、拼音教学

1. 字母、音节教学

（1）插图启示法

现行的教材中，编者给每一个字母都配上了一幅彩色的插图。这些插图接近生活，富有情趣，教学中要重视发挥它们的作用。在字母教学中，这种根据编者意图，从课文的插图入手，利用插图表音、表义的特点来启发学生掌握字母的方法就是插图启示法。运用这一方法时教师要重在启发学生发现插图跟字音、字形的内在联系。

✏ **案例一**

教学声母 "b"	
师：看图回答，图上画的是谁？她在干什么？	将广播的
生：一个小女孩在听广播。	"播"与"b"的

师："广播的'播'读得轻短一些就是我们所要学的'b'的读音，请同学们跟老师念——'b'。"（生跟念） 师：请同学们再仔细看看图，想想"b"该怎么记呢？ 生：图上带天线的收音机的样子就像"b"。	读音建立联系；带天线收音机与"b"的形状建立联系，有助于学生记忆。

（2）歌诀巩固法

为了帮助学生改掉因为音形相近而混淆的毛病，在拼音教学中，教师根据字母的形状或读音的特点，采用编写儿歌、口诀来辨别并巩固字音、字形的方法，叫歌诀巩固法。

案例二

听广播 b b b，爬山坡 p p p，两个门洞 m m m，一根拐棍 f f f，左下半圆 d d d，鱼儿跃起 t t t，一个门洞 n n n，一根小棍 l l l，小鸽子 g g g，小蝌蚪 k k k，一把椅子 h h h，一只母鸡 j j j，7个气球 q q q，切西瓜 x x x，像个2字 z z z，小刺猬 c c c，蚕儿吐丝 s s s，织毛衣 zh zh zh，吃东西 ch ch ch，石狮子 sh sh sh，一轮红日 r r r，一个树杈 y y y，一只乌鸦 w w w。	此例运用摹声拟形的方法，将声母编成儿歌，形象生动，有助于学生记忆。

注：儿歌的编写不是教师一个人完成的，是在教师的引导启发下，师生共同创造而成。

（3）实物演示法

实物演示法是指用生活中常见的易于被学生接受的事物演示，用直观的方法来帮助学生发准字音，记住字形的教法。

案例三

"t"教学实录 师：同学们，打开我们的藏宝箱，看今天老师为大家准备了什么宝贝？（老师拿出一把伞） 生：雨伞！ 师：（教师撑开雨伞，伞柄朝下）现在同学们来观察一下，这个伞构成了什么形状？	"藏宝箱"在识字教学中是可以经常使用的好道具。

生：钩子。 师：这就是我们今天所要学的"t"。大家随我一起读：t— 生：t！ 师：接下来让我们一起听这个声音。（用水一滴一滴地滴到雨伞上）水滴到伞上发出了什么声音呢？ 生：是"t"的音。	此例根据字母的特点，从音和形两个方面进行演示，使学生学会了"t"的发音，记住了"t"的形状。

（4）手形模仿法

手形模仿法也叫手指操练法，即用手指模仿字母的形状，用手掌和手指模仿发音器官的形状或位置来进行教学的方法。

✒ **案例四**

手形模仿 师：请同学们跟着我一起做：左手拇指和食指一弯就成o，松开一点就是c，再加上右手食指和拇指就成g；两个食指交叉就是x；c中加右手食指就是e…… 师：除了这些，同学们还可以通过自己的想象创造出各种手形来帮助记忆，现在同桌之间，一个做手形，一个发音，看哪一组手形做得好，发音发得准确。	运用手形来模仿字母的形状，使学生既动眼、动口、动脑、动手，又发展了口语能力。

（5）故事讲解法

故事讲解法，就是将所要讲授的内容编成一个个有趣的故事进行讲解的方法。这种生动有趣的教学方法可以极大地吸引小学生的注意力，效果很好。

✒ **案例五**

教学复韵母"iu、ui"的课堂实录 师：同学们，今天我要给大家讲一个有趣的故事，你们想不想听啊？ 生：想！ 师：有两个小朋友，他们一个叫小"iu"，一个叫小"ui"，他俩是一对双胞胎兄弟，长相几乎一样，又经常穿一	抓住了"iu"和"ui"形状相

样的衣服，戴一样的帽子。有时就连他们的妈妈也很难分清哪个是老大，哪个是老二。同学们仔细看看，小"iu"和小"ui"哪些地方相同，哪些地方不同？怎样才能更好地记住他俩的名字呢？ 生：他们俩相同的地方是都由"i""u"两个单韵母构成；不同的地方是"iu"的"i"在前，"ui"的"i"在后。 师：同学们现在动脑想想，能不能编一个歌谣来记住这对双胞胎兄弟呢？（师生共同编歌谣）： 分清"iu"、"ui"并不难， "iu"的"i"前边走， "ui"的"i"跟后头。	似的特点来编故事，恰到好处。 学生说出两个复韵母间的细微差别。 以歌谣结束，学生记忆更加牢固。

2. 声调教学

"四声"是拼音教学的一个难点，特别是第二声，学生往往很难发准。为了突破难点，激发学生学习兴趣，运用以下列举的"汽车爬坡法"来进行教学，收到了较好的效果。

"汽车爬坡法"就是用简笔画画出"汽车和山坡图"，根据"四声"的调值变化，模仿"四声"的调值。

✎ 案例六

"汽车爬坡法"教学声调实录 师：同学们，今天我们来学习一首儿歌好吗？请跟老师念（念至学生基本能背为止）： 小汽车，嘟嘟叫， 平地高山都能跑， 开汽车，学声调， 四种声调记得牢。 师：同学们学得很快，儿歌学会了，你们想学开汽车吗？（生：想！） 师：汽车在平地上容易开，可是在高低不平的地方就很难开了，特别是往山坡上更难开。今天老师教你们怎样在平地上和山坡上开车。	运用与"汽车爬坡法"相关的儿歌导入，引起学生学习的兴趣。

师：先请同学们看老师是怎样在山坡上开汽车的。

（师用教具边演示，边模拟汽车开动的声音发"四声"的音。学生看后感到很有趣，可让学生跟着老师做手握"方向盘"的姿势，并且边"开车"边发音。）教具（或简笔画）：

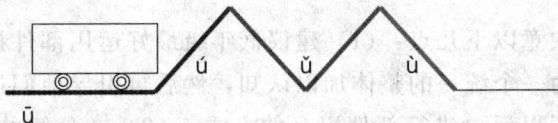

师：同学们，"汽车爬山坡"好玩吗？（生纷纷表示喜欢玩。）

师：如果你们也想要学会开车，老师就教你们开车的方法，你们喜欢学吗？（生雀跃）

师：汽车在平地上开的时候，声音是怎样的？

生："ū——"，声音是高高的，平平的。

师：真聪明。汉语拼音里有四个声调：第一声、第二声、第三声、第四声。（板书声调符号）这四个声调的读法各不相同，就好像"汽车爬山坡"。第一声的读法跟汽车在平地上开的声音是一样的。小朋友念念看：

生："ū——"。

师：念得好！那么 a、o、e 的第一声你们也会念吗？（生依次读。老师继续以同样的方法教第二声、第三声、第四声的读法。）

师：上面我们学了"四声"的读法，哪位聪明的同学能说出每种声调的读法有什么不同？

生：第一声要读得高高的、平平的。第二声从低到高的。第三声是从高到低，再从低到高。第四声是从高到低。

师：下面请同学们跟老师再学一首儿歌（可再用教具配合演示，让学生边看边念、边看边记，并用手势表示。）：

一声公路平又直，

二声就像上山坡，

三声下坡又上坡，

四声就像下山坡。

（右栏批注）

用简笔画将"四声"形象地表现出来，贴切。

将"四声"分别用不同的颜色标注了出来，一目了然。

用汽车在平地上开发出的声音引导学生思考第一声的读法，可以调动学生学习的积极性并积极思考。

举一反三，事半功倍。

请学生自己来总结"四声"读音的特点，提高学生归纳总结的能力。便于长时记忆。

歌谣总结。

二、 识字教学

1. 部件组装法

部件组装法，即在学生掌握了一定数量的独体字后，利用这些独体字做部件，"组装"成复杂的合体字的一种教法。运用这种方法可以达到化繁为简、变难为易的效果。

运用部件组装法时需注意以下几点：（1）建议低年级最好运用部件拆分的方式，先引导学生把生字作为一个统一的整体加以认知，然后再引导他们进行分解和组装。待学生已经掌握了以后再进行部件组合的方式。（2）在分解的过程中，要注意部件的整体性，不能随意分解，否则会把单位整体性的部件分割成支离破碎的笔画。如：教学"贫"时，应将"贫"字拆分成"分"和"贝"两部分，而不是"八""刀""贝"三个部分。（3）要激发学生学习的积极性，举一反三，自己学会分解和组装，并从中发现规律，掌握方法。

案例七

汉字家园（一）课堂实录	
（长春版 一年级下册）	
师：老师这里有几幅图，图中有我们上学期学过的一些汉字。大家帮老师把它们找出来，看谁找得又快又准。（出示几幅插图）	用图解字，吸引学生的注意力。
生：我找到了日和月。（其他回答略）	
师：同学们找得真不错，让我们一起来读一遍吧！	
生：（齐读）日、月、田、力、人、木、手、目、鱼、羊、白、水……	
师：同学们，你们知道么，这些汉字还是亲密的好朋友呢，有的时候就会两人并肩站在一起玩耍。下面同学们就把它们中亲密的朋友找出来吧，看看组成了哪些新字呢？	
生：我用"日"和"月"组成了一个"明"字。（其他回答略）	此处运用的是部件组合的方式，部件组装方法之一。
师：同学们找得真好，老师这里还有几个字，想请同学们帮老师分析下都由哪些部件组合成的呢？（教师出示"林、森"两个字）	

生：这两个字都是由"木"这个部件组成的。"林"字是由两个"木"组成，"森"字是由三个"木"组成的。 师：说得太好了，大家给他鼓鼓掌！还有谁有新的发现？ 生：我发现，"森"字，也可以看成是"木"和"林"两个字组成的。 师：同学们说他说得对不对啊？ 生：对。（以此类推，继续讲解"从"和"众"）	此处运用的是部件拆分的方式，部件组装方法之二。 举一反三，培养能力。

2. 笔画加减法

笔画加减法就是利用学生已识记的汉字，进行加、减笔画，以引出新字的一种教学方法。在长春版教材一年级（下）汉字家园（二）中编排了"兔—免"、"玉—王"、"尺—尸"、"广—厂"、"正—止"、"气—乞"、"几—凡"、"心—必"、"古—舌"等，熟字加一画、减一画、活变一画而引出新字的内容。教师可以根据教材的这一特点运用笔画加减法来进行教学，有利于学生更好地识字。

✒ **案例八** "鸟—乌"的教学实录

《乌鸦喝水》教学实录片段 （延教版 一年级下册） 师：这里的"乌"就是我们这节课要学习的生字。（先注音，再组词） 师：谁能巧记这个汉字？（指名回答，略） 师：老师是这样记的：鸟的眼睛不见了。（板书'鸟'）这是一只鸟，（然后擦掉'鸟'的一点）鸟的眼睛不见了，它什么都看不见了，眼前只觉得乌黑、乌黑的。 生：（闭起眼睛）老师，真的乌黑乌黑的。 师：这就是"乌"，鸟字少了一点就是乌，"乌鸦"的乌，乌——！	开宗明义，要"巧记"生字。 在学生的体验中完成"鸟"到"乌"字的变形，使学生产生极大的兴趣，会浮想联翩。

【点评】

应用笔画加减法进行教学时，应充分掌握教材的特点，在牢固掌握熟字的基础上，刻意突出起变异作用的"关键一画"的教学。教学时可采用不同颜色的粉笔来突出这"关键的一画"，以刺激学生的感官，引起学生的注意，加深记忆，

达到带出"新字"的目的。

3. 字理识字法

字理识字法就是对于今天仍能进行形体分析的现代汉字,按照其造字规律解剖分析,帮助学生记忆字形、增加学习兴趣的一种教学法。这种识字法是国家教育部推荐的七种主要识字方法之一,运用这种方法,儿童能够牢记字的结构,了解汉字的音、形、义,加快识字的速度,并使儿童获得汉字文化的熏陶。这里主要从四种造字法来举例说明。

(1)象形字

✎ **案例九**

"水"和"山"字教学实录 师:同学们,谁愿意到黑板上来画一条小河和一座小山? 生:(一学生在黑板上画了 ≋ 、∧ 的图样。) 师:你画得很好。你还能把小河竖画吗?你能把三座小山连画吗? 生:(画了 川 、 ⋀⋀ 的图样。) 师:这位同学画得多好啊!现在我们也来画一画。同学们跟着老师一笔一笔地画。	激趣导入。 学生所画之物与授课期待不相符,原因在于教师的要求指向不明确。 给予恰当的引导,将学生的思维导入教师的教学设计中,属积极引导。

【点评】

此例虽简单,却摆脱了传统干巴巴地一笔一画地教生字,而且揭示了汉字从图形到文字的演变过程。学生学起来既有兴趣,又印象深刻。

除了以上列举的这些象形字以外,教师还可以根据造字的特点,画个太阳教"日"字;画个月亮教"月"字;画座高山教"山"字;画条河流教"水"字等等。这一类字,字形与实物比较接近且简单易看,又能调动学生识字的兴趣,非常适合低年级刚学识字的小学生。

（2）指事字

案例十

<table>
<tr><td>

"本、末"字的教学实录

　　（长春版语文一年级下《汉字家园（一）》）

　　师：（在黑板上画一棵树）同学们看这是什么？

　　生：（齐声）树。

　　师：同学们，你们知道吗？古时候的人看到树，造出了一个汉字。我现在写一下，大家猜猜看，在今天这个字你们认不认识？

　　（板书🌲）

　　生：像是"木"字。

　　师：说对了，很好。"木"字原来的意思就是树，经过了演变才具有了今天的意思。

　　师：老师这儿还有几个"木"字古代的好朋友，大家愿不愿意认识一下啊？（生积极响应）

　　师：（板书 本、末，即：本、末）我们先来看第一个字"本"在"木"下面加一横，指的是树根，就是我们今天所说的"本"字。

　　师：那么现在有一个当考古学家的机会，哪位同学愿意像考古学家一样给大家解释一下第二个字？看谁说得最好。（生答略）

</td><td>

　　从象形字"木"导入，学生更容易理解，为下面的讲解做好铺垫。

　　在"识察"这些汉字的形体中"见意"，学生能享受到成功的喜悦，并将形体与字义联系在一起。既记住了字形又理解了字义。

</td></tr>
</table>

（3）会意字

案例十一

<table>
<tr><td>

"旦"字教学实录

　　（长春版　一年级下《汉字家园（一）》）

　　师：同学们，还记不记得我们曾学过的"日"字表示什么含义？

　　生：太阳。

　　师：大家试着在自己的本子上画一个太阳看看。（教师

</td><td>

　　以旧字带新字，在巩固中提高。

</td></tr>
</table>

板书"⊙")

师：同学们都画得非常好，古代的劳动人民也画过太阳，就是老师画在黑板上的这个样子。不仅如此啊，我们古代的劳动人民用他们的智慧还用其他的符号表示出了日出的情境，大家猜一猜是怎么表示的呢？（生答略）

师：同学们都说得很好，找个同学来总结一下，谁愿意来试试？

生：用"日"表示太阳，"一"表示地平线，"旦"就是太阳从地平线上升起来了。

师：说得太好了，我们为他鼓掌！那么谁再来补充一下，"旦"字表示什么意思呢？

生："旦"字是天亮的意思。

> 在"画"的基础上，引导学生从"符号"角度考虑问题，锻炼他们抽象思维的能力。
>
> 用太阳和地平线来讲解"旦"字，既生动又符合造字规律。

（4）形声字（详见转转盘识字）

字理识字主张独体字（象形字和指事字）运用"溯源—对照"的模式，找到它所像的物体和所致的事物，然后了解其字形是怎样演变来的；教合体字（会意字和形声字）运用"分解—溯源—组合"的模式，先将其分解成几个基本意义单位，再找它的本来意义或表示的读音，最后了解其结合起来表示的新的意义和读音。

在教学中要求教师具备一定的古代汉语知识，并遵循学生的认知规律，尽可能地激发他们的识字兴趣，在符合造字规律的前提下，允许他们展开想象，大胆创新，不断提高他们的识字能力。

4. 转转盘识字

转转盘识字方法，一般情况下是将声旁相同形旁不同的形声字归类，将相同的那个声旁放在转盘中央，不同的形旁放在转盘的周围，在转动转盘的过程中识字的一种方法。这种方法与形声字结合是最恰当准确的。

✎ 案例十二

"清、晴、睛、请"

《长春版 一年级下《汉字家园（一）》

师：同学们，今天我们一起来学习识字（板书）。瞧，谁来了？

（课件演示：一只小青蛙说："老师好，小朋友们好，我是小青蛙，我来和你们一起学习识字，好吗？"）

> 多媒体课件中配入声音，一上课便将学生的注意力集中起来，

师：大家欢迎它吗？想对小青蛙说点儿什么吗？（生答略）（课件演示：小青蛙说："老师，小朋友们，我想知道我的名字是怎么写的，你能帮帮我吗？"）

激发识字兴趣。

师：谁愿意来帮助小青蛙呢？（生到黑板上写"小青蛙"。）

师：同学们，你们知道吗？小青蛙名字中的"青"字还有很多字朋友呢，今天就让我们一起来认识认识这些字宝宝吧！

师：同学们看老师手里的这个转盘：

用转转盘的方法将形声字展示出来，清晰、易懂。

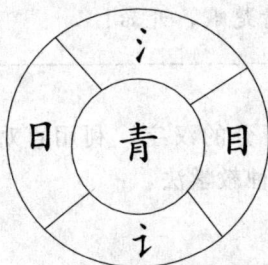

这几个淘气的字宝宝就藏在这个转盘中，小朋友们看一看能转出哪些字呢？

此例中的转盘还可以设计成其他的样式，不必仅局限于此。

生：清、晴、请、睛（分别找同学说）

师：这些字宝宝都想和你交朋友，同学们可要读准他们。接下来，让我们一起来观察，我们转出来的这四个字读音有哪些特点？

读准字音是识字的基础步骤。

生：哦！——有的读音和"青"相同，有的读音和"青"相近。

师：那怎样分清他们的意思呢？有什么好的方法？（生答略）

用编口诀的方法加深学生对于字义的理解，容易记忆。

师：（总结学生发言，课件演示口诀）

　　　　山青青，
　　　　水清清，
　　　　心头有事情，
　　　　看东西用眼睛，
　　　　出太阳天气晴，
　　　　说话时常带请。　　　（大家齐读）

对本课的归纳总结，详略得当，重点突出，十分贴切。

儿歌总结，便于学生记忆。

师：同学们真会学习，今天我们认识的几个字中都有

"青"，他们的读音有的和"青"相同，有的和"青"相近，我们就把"青"叫作它们的声旁，而这些不同的偏旁呢，可以提醒我们这个字的意思，我们叫它形旁，这样组合成的字就是——"形声字"。

（课件演示：小青蛙说："对对对，我还知道一首学习形声字的儿歌呢：学习形声字，辨别要仔细，声旁多表音，形旁多表义。记住这一点，识字变容易。"）

师：真是一只能干的小青蛙！那我们再来玩玩这个识字转盘，这一次老师来转，大家要一起读出转出来的字，然后老师请一位同学帮它组一个词。要看清楚哦，开始！

同时，转转盘识字的方法用在组词中同样具有积极的意义。

5. 笔画破难法

笔画破难法，即对笔画不很明显可分的汉字，利用直观、演示、板书等手段，突破笔画难点，弄清字形结构的一种教学法。

✎ 案例十三

"鸟"字教学实录

（先在黑板上挂一张鸟的图片，教师还未提问，学生早就把手举得老高）

生：鸟、鸟！（教师在图片下面工整板书并注音）

师：大家跟我一起读准字音。（生齐读）

师：现在大家数一数"鸟"字一共有几笔？

生：六笔。（其他答：七笔。八笔。）

师：到底有几笔呢？（教师拿出两根不同颜色的铅丝，把一根红颜色的弯成横折钩的形状，把一根绿色的弯成竖折折钩的形状，并分别放在"鸟"字的相应部分。）各小组讨论。

师：谁来给大家汇报一下小组的讨论结果？

生："鸟"字有五笔。横折钩是一笔，因为它是用一根红铅丝弯成的；竖折折钩也是一笔，因为它是一根绿铅丝弯成的。（师生赞同）

师：（笑着说）"鸟"字是不是五笔写成的，现在我们再来看看。（教师取下两跟铅丝，拉直，然后问学生）"鸟"字

用无声的方式吸引学生的注意力，妙！

数"鸟"字的笔画，为这节课的重点。

用铅丝弯成相应的笔画，增添了形象性，是这节课最大的亮点！

释疑，并形成照应。

一共有几笔？

　　生：（齐声回答）乌字一共有五笔！

　　师：为什么？

　　生：因为这两根铅丝就是两笔，再加上"乌"字头上一小撇，中间一点，下面一横，一共五笔！（教师引导学生写"乌"字）

　　师：头上一小撇，像鸟的什么？

　　生：像鸟的嘴。

　　师：横折钩像鸟的什么？

　　生：像鸟的头。

　　师：竖折折钩像鸟的什么？

　　生：像鸟的身体。

　　师：一小点儿和最后一横呢？（教师有意打破砂锅问到底）

　　生：像鸟的眼睛和脚。

> 师生共同配合下最终完成教学目标。
>
> 在教学写字的时候，不断引导学生观察、想象，既生动又有利于记住这些笔画。

　　6. 设置矛盾法

　　设置矛盾法是一种故意设置矛盾，激发学生兴趣的识字教学法。具体做法是在字义教学中，对一些学生容易辨别不清或产生误解的汉字，有意设置矛盾，让学生步入"歧途"，通过思考得到"顿悟"。

🖊 **案例十四**

人教版第二册《过河》课堂实录（节选）

　　师："河水漫过了小桥"这一句中，"漫"字是什么意思呢？同学们可以借助字典来解释。

　　生1："漫"就是"遍"的意思。

　　师：你是否能具体地讲讲"遍"的含义？

　　生1：就是很广、很宽的意思。

　　师：你能否用你所解释的这种意思结合课文原句讲一讲，看是否通顺、是不是符合原意？

　　生1：河水很广，宽过了小桥……（学生径自思考，自觉不通）（其他同学悄悄说"不通顺"）

　　师：为什么不通呢？

> 学生出现了错误的解释，教师在这里使矛盾暴露出来，并促使学生积极思考。

生1：很广、很宽，不会过小桥。"遍"没有"漫上来"这种意思。 生2："漫"就是没有限制、没有约束的意思。 师：河水是不是没有限制地漫过小桥呢？从文中哪里能看出来？ 生3：不是的。课文里写着："来，我背你们过桥。"如果水没有限制，没有约束，就不能背着小孩过桥了。 生4：我从图上看出来，水比小桥高一点点，不是没有限制。 师："漫"字究竟怎样理解才符合课文的意思呢？ 生5："漫"是水高出了桥的意思。	他们在歧路上遇到矛盾了。 至此，设置的矛盾解决了，既说清楚了字义，又对课文的意义加深了理解。

【点评】

通过教师正确的引导，学生在"顿悟"中解决了矛盾，找到了正确的词义。采用设置矛盾法，学生会在理解字义时经历这样一个过程："没有矛盾—遇上矛盾—分析矛盾—解决矛盾"。在这个过程中，学生由于受知识水平和能力结构的限制，有时在歧途中难以"自悟"，这时，教师应进行适当的点拨。

运用矛盾设置法应注意以下几点：（1）用来作为设置矛盾的字词，最好是学生难以理解的，或是对课文起提纲挈领作用的。（2）教师要善于揭示矛盾，引导学生自己去发现矛盾，从而选择出正确的解释。（3）注意不要挫伤学生的自尊心和积极性。当学生花费最大努力也不能解决矛盾之际，教师要进行适当的提示。

7. 游戏识字法

游戏识字法即在游戏的过程中识字的方法。这种方法一般多用于穿插在一节课中，起调节作用，同时，游戏是儿童的天性，此法对于调动学生学习的积极性具有极大的作用。

（1）病字门诊

给字添一笔、减一笔、调换偏旁的位置是学生经常出现的错误。这个游戏可以有效地帮助学生纠正这个错误。具体操作如下：请几位平时字形掌握不好的学生做医生，把他们经常出现的错字写在小卡片上，发放给其他同学，由他们带着错字去看病。"医生"将病因告知"病人家属"，听了"医生"的处方后"病人家属"开始治疗，并判断"病人"是否痊愈。

这种双向互动的游戏能大大降低学生错别字出现的概率，同时提高学生的辨析能力。

（2）生字王国

人有赵、钱、孙、李百家姓，在生字王国里同样有"亻"家、"扌"家、

"氵"家。把"新出生"（新学、新认识）的"孩子"（生字）送回家是学生们爱干的一件事。随着识字量的增加，生字家族越来越兴旺，学生对生字的归类识记也越来越牢固。

（3）双胞胎集会

先由学生自己去寻找字形相近的孪生"字兄弟"，像"王"—"玉"、"日"—"目"等，再把它们写在自己制作的外形独特的图片（如小孩、西瓜、小兔等）上，算作自己给图片起的名字。活动时由其他同学叫出孪生"字兄弟"的名字，比一比谁找得多、认得多。

此外，"猜一猜"（巩固字音）、"把迷路字娃娃送回家"（音形结合）、"优秀邮递员"（巩固字形）、"摘苹果"（图片展示）等多种识字游戏，寓教于乐，促使学生自主、和谐地发展。

8. 精彩案例

✒ **案例十五**

《青蛙写诗》教学实录 （长春版 一年级下册） （课前活动：跆拳道、京剧等。） 师：大家还认识这位朋友吗？（教师拿出小青蛙的图片） 生：（齐声说）认识——是小青蛙！ 师：那你能和小青蛙说一句话，打个招呼吗？（生答略） 师：这个小青蛙可有点儿不同啊，它还是一位诗人呢，可了不起了！ 师：小青蛙今天要带你们到它家里去看一看！（出示课件——小青蛙的家）同学们，小青蛙的家里藏着许多我们这节课要学习的生字（出示课件），谁愿意来读一读？（池塘，一串水珠，蝌蚪，水泡泡；逗号，句号，省略号）（生读课件上的字词） 师：我们刚才的这些字词都跑到了老师的字卡上，现在我们就"开火车"来读一读。火车，火车，哪里开？ 生：火车火车这里开。（学生们兴致勃勃地玩起开火车游戏） 师：同学们都读得很好，现在同学们把书打开，找五名同学来读课文。并且思考：青蛙写诗的时候都谁帮了它	充满童趣的导入，充分调动学生识字的积极性并切身地融入这个情境中。 "诗人"一说为后文埋下伏笔。 字卡演示法与"开火车"法相结合。 "开火车"是小学生钟爱的一个游戏，这个

的忙?

　　生:有小蝌蚪,水泡泡,一串水珠。

　　师:它们都帮了青蛙的什么忙呢?自由读课文的二、三、四小节。

　　师:谁?都帮了青蛙的什么忙?

　　生:小蝌蚪当了逗号,水泡泡当了句号,一串水珠当了省略号。

　　师:大家发现,这三个标点符号里都包含一个"号"字,读一下,老师再写。

　　师:除了这三个标点符号,同学们还知道其他的哪些标点符号?

　　生:顿号。

　　师:真了不起。(其他回答:问号、冒号、感叹号、分号……)

　　师:大家知道的可真不少。那这个"号"字,除了标点符号以外,还是哪个"号"呢?

　　生:号码、学号。(其他回答:外号、口号、信号、神舟六号、号角……)

　　师:大家说得很好。大家再把你们的小手拿出来,写一遍这个字。写的时候应该注意哪些呢?(生答略)我们注意到了这些就会把字写得特别漂亮。

　　师:现在,老师要领大家做一个小游戏。(吹泡)你刚才看到了什么?

　　生:老师在吹泡泡。

　　师:老师吹出了什么样的泡泡?

　　生:吹出了很多的,大的泡泡。

　　生:五彩缤纷的泡泡。(其他回答略)

　　师:很多就是,一串的泡泡。这里就有我们要学的两个生字,"泡"、"串"。(在课文中圈出这两个字)

　　师:用什么样的好办法能记住这个"泡"字呢?

　　生:三点水,包包包,泡泡泡。

　　师:这个字是什么字呢?

　　生:左右结构的形声字。

　　生:一则谜语——包你喝个够。(生喝彩)

活动在调动识字兴趣的同时也增进了团队意识。

　　适时地总结。

　　积极地鼓励学生进行发散性思考,锻炼学生的发散思维。

　　从标点符号扩展到其他领域,有效地防止了学生的思维被限定在固定的领域,好!

　　"吹泡泡",乃游戏识字法和实物演示法的结合。

　　鼓励学生说完整的话,并引导学生说出要学习的"串"字。

　　让学生来总结用什么方法来记忆,学生会在

生：成语，炮火连天。

师：这不是这个"泡"啊，我们以后来学。

生：水煎包——泡泡泡。

师：我们学过的哪个字可以用来记住它？

生：包、抱。

师：大家回忆一下，做的什么动作？（生答略）

师：拥抱的时候用手，所以用手。跑步的"跑"用什么旁？

生：足字旁。

师：包加火字旁是什么？——（生答：炮！）食字旁？——（生答：饱！）衣字旁？——（生答：袍！）我们把这些生字放到儿歌中：

有水把茶泡，有饭能吃饱，有足快快跑，有手轻轻抱，有衣穿长袍，有火放鞭炮。

师：谁能勇敢地声音洪亮地给大家读一读？（略）

师：看这首小儿歌，发现了什么？

生：左右结构的形声字。

师：这个"泡"字学得很好，有没有信心把这个"串"字也学好呢？看"串"字的音节。这个音节很特殊啊，谁来说说特殊在哪儿呢？

生：三拼音节，声母是翘舌音。

师：好，看到串字的字形，你能想到些什么呢？老师可想到了很多很多的东西，今天都带来了，放到了百宝箱里。同学们想不想看看？

师：用串字说一说。

生：一串珍珠项链、一串辣椒、一串灯笼、

师：一串什么样的灯笼？我现在用语言来描述，同学们要用串字：

甜的，圆的，有籽的——（生答）一串葡萄！

甜的，弯弯的，黄黄的，软软的——（生答）一串香蕉！

用签子串的，红红的，外面挂糖的，吃起来酸甜的——（生答）一串糖葫芦！

用签子串的，吃起来香香的，用火烧烤的——（生答）

这个过程中变得特别积极主动。

口诀识字法。

编口诀来识字，学生既容易记忆，又能充分理解。

实物演示法。由字形释义，逐一展示"百宝箱"里的宝贝，精讲"串"字的记忆方法，此乃本堂课识字教学的一大亮点。

猜谜识字法。

以学生喜闻乐见的猜谜方式理解"串"字的

羊肉串!

师：大家是真聪明！234小节，读一下，放音乐来读。（生读）

师：小青蛙得到了大家的帮助，它的诗就写成了，下面我们就跟着小青蛙出发。

生：几只小青蛙，呱；要呀要回家，呱；跳跳，呱呱，跳跳，呱呱，跳跳跳，呱呱呱；小青蛙回到了家。呱——

师：我们到了小青蛙的家，那我们就看一看，听一听小青蛙写的诗。（生个性读、挑战读、齐读）

师：大家发现这首诗有什么特点？

生：只有一个字。

师：看到这个呱字，你能发现什么？（生答略）

师：写呱字，摆好写字姿势，老师写，同学写，注意写字姿势，三个一别忘记。看这首诗，除了"呱"字外，你会发现什么？

生：标点符号。

师：那读的时候应该注意什么？

生：读的时候停顿。

师：读到省略号的时候要怎么读呢？（生答略）

师：当个小翻译，小组讨论青蛙都说了些什么？

生：快跑，快跑！下雨了！

爸爸妈妈快来呀，我会写诗了！

池塘就是我的家，家里有草也有花，家里人员可真多，爷爷奶奶、爸和妈，我爱我的家。妈妈、妈妈，我饿了……

下雨了，太好玩儿了，谁来和我玩儿啊？

师：看来你们是真的听懂了青蛙的话，如果你就是这只小青蛙，看到自己写了这样一首诗会是怎样的心情？得到了这么多人的帮助心情怎么样？每一个同学就来当这只小青蛙，来朗读这首诗，要带着高兴感激的表情来读。青蛙写了这首诗，一些小动物们也来了，我们来认识认识这些小动物。羊、猫、鸡、鸭、牛，他们也想做首诗，会做什么样的诗？（结课部分省略）

右栏批注：

含义及其用法。学生的识字积极性尤其高涨！

此处，儿歌的设置使学生在唱儿歌的过程中识字。

适时插入写字指导。

进行细致的朗读指导。

鼓励同学将省略的部分补充完整，很好地锻炼了学生的想象能力和口语表达能力。

拓展"写诗对象"，学会聆听小动物们的不同声音。

识字教学贯穿小学的各个学段。低年学段是打基础的重要阶段，这期间学习的一些识字方法在中高年学段仍然适用。中高年级的识字教学更多体现在文本阅

读当中，也可以采取讲述故事（包括成语故事）、猜字谜、制作歇后语等途径方便记忆。其中，故事法是学生喜闻乐见的一种方法。比如：教师在讲解"逐"字时可以通过故事的形式介绍古代先民的游猎生活习性以及追逐为生的情况。这样就使学生不但理解"逐"字的结构，还了解了人类生活的演变历史。此外，随着对汉字造字法的逐渐领悟，学生的自学能力也不可小觑。

第二节　阅读教学

阅读是学习语言的过程、是一种体验、也是一种对话。而阅读教学是重点培养学生阅读能力的一系列语文训练活动。就小学阶段来说，阅读教学的主要任务是培养学生的阅读能力，使之养成良好的阅读习惯，并在阅读过程中受到情感熏陶和思想启迪。

阅读教学的内容主要有：

1. 字词的教学；

2. 句子的教学；

3. 片段的教学，主要是指导学生理解自然段，把握文章的主要内容；

4. 指导学生有感情地朗读课文、背诵和复述课文。

总而言之，阅读教学涉及学生听、说、读、写四个方面的内容，在小学语文教学中占有极大的比重，涉及范围也十分广泛，这一节主要按照文章的文体分类来解析阅读教学。纵观小学语文教材，主要的文体有：古诗、新诗、寓言、童话、故事、散文、小说、记叙文、说明文、议论文。不同文体的教学重点和具体方法各有偏重，因此在这一节中，我们选择了小学课本中常见的几种文体作为解析阅读教学的范例。

一、古诗

古诗教学的方法主要有：1. 情景教学法：教师在教学中创设情景，引导学生感受古诗的意境美；2. 字词分析法：通过对重点字词的分析，指导学生读懂古诗，品味古诗的语言魅力；3. 朗读法：在古诗教学中，反复有感情地朗读古诗，使学生体会古诗的音乐美，并在有感情的朗读中，体验作者的情感。总的来说古诗教学比较注重朗读和分析，在不同学段对二者的侧重点各有不同。

案例一

《蜀相》教学片段

（长春版 六年级上册）

（正式开始上课之前，学生三次齐读后，背诵。）

师：在五年级的时候，我们背了很多有关《三国演义》的古诗词，巧得很，六年级的课本中出现了这首《蜀相》。老师希望同学们通过这节课的学习，获得更深刻的感受，同时把这首诗背得更有味道。

师：五年级我们背诗的时候老师给同学们讲过这首诗的大意，同学们还记不记得题目"蜀相"是什么意思？"蜀"是指什么？

生：蜀国。

师：对，指三国时的蜀国。那"相"呢？（生齐答：丞相。）

师：丞相是谁？（生齐答：诸葛亮。）

师：好，我们来大声地齐读一次题目。（生齐读：蜀相！）

师：同学们再轻轻地读一读，预备起。（生齐读：蜀相。）

师：非常好，刚才我们是一起背诵了这首诗，老师想请同学自己来读，谁愿意？（生朗诵）

师：还记得老师教给你们读诗的那几招吧，就是把韵母读得很饱满，还要把调值读够。读到"自春色"时，"自"是几声？

生：四声。

师：所以应该是"zì chūn sè"。不要读成"zǐ chūn sè"，跟老师一起读。下面我们再一齐读一次，注意现在我们是练习读，在读的时候就要注意让韵母饱满起来。（学生再次齐读）

师：这首诗的大意谁记得？请一个同学给大家讲讲。

"获得更深刻的感受，把诗背得更有味道"，在课堂一开始就明确了这节课要达到的目标。

解题。

两次读题目，一次大声、一次小声，在声音的区别中体会题目中所蕴含的诗人情感。

教师在指导学生读诗时，提出具体的要求——韵母读饱满，调值读够。

（请一个同学回答，教师补充。）

师：每个同学都了解大意了吧，老师具体问问"长使英雄泪满襟"的"长"是什么意思？

生：经常。

师：对，它同现在这个"常"。还有一个词"频烦"，现代汉语也有"频繁"，"频"是今天学的生字，同学们跟老师一起写写，这里的这个"频烦"和这个"频繁"意思是一样的，要注意不要翻译成频频烦扰。

师：刚才说到了"自"，是什么意思？

生：白白的。

师："空"呢？

生：徒劳。

师：有哪位同学讲讲这首诗的写作背景？（学生回答，老师补充。）

师：这首诗写于公元 760 年，而丞相死于公元 234 年，同学们算一下，这期间相隔了多少年？

生：526 年。

师：遥隔了 526 年之后，我们听到作者又轻轻地呼唤了一声"丞相"。"丞相"，同学们，你们从这轻轻的呼唤中听出了什么？

生 1：深深的思念。（生 2：崇敬。生 3：仰慕。）

师：这一份思念，这一份崇敬，这一份仰慕就融在这一首诗当中。（结合图片介绍现在的武侯祠）

师：当年杜甫来到武侯祠时是怎样一种景象呢？读这首诗的前四句，你一边读一边注意想想当年的武侯祠是怎样的环境呢？

（师范读后，学生自由地轻读，然后回答。）

生 4：感受到当年武侯祠的环境很凄凉。

师：为什么会感到凄凉呢？

生 4：台阶被青草掩盖了——"映阶碧草自春色"。

生 5：荒芜。

师：为什么呢？

梳理重要字词。

识字不是这一节课的重点，所以老师只点到为止。注意讲解了古今差别。

介绍写作背景，有助于学生理解作品的感情色彩。

教师饱含深情的范读使学生体会出诗句所包孕的情感。

生5：隔叶黄鹂空好音，来的人少，来的人多就不会有鸟；柏森森三个字也说明来得人少，树一般都长在荒无人烟的地方，森森显得树茂盛。

师：请学生再读这两句。

生6：映阶碧草自春色，隔叶黄鹂空好音。（学生再次齐读）

师：读的时候调值再高一些，我们大家来一起再读一下这两句。

师：还有同学读出来什么？

生7：我关注了"寻"这个字，如果来的人多就不用寻找了，说明这个地方的寂寥、冷漠和悄无人迹。还有第三句的"自"和"空"。"自"显出碧草孤芳自赏，"空"就让我想到这个时候的武侯祠是多么的空空落落、清清凉凉、荒凉荒凉、凄凄惨惨。

老师：碧草在自己欣赏着春色，黄鹂徒劳地叫着好听的声音，杜甫来到这里看见这种场景的时候，他是不是在心中问着：丞相啊这凄凄的碧草你还看得见吗？这鸣啭的黄鹂啊，你还听得见吗？丞相还能听见吗？丞相还能看得见吗？因为丞相已经作古526年了，我们再带着作者这种思念，作者的这种怀思来读一读前四句。（学生齐读）

师：下面请同学们读读后四句，在这后四句中，你读懂了什么，读不懂什么，有哪里你读得似懂非懂？（学生默读，老师巡视。）

学生提问：

生1：什么是老臣心，那是一种什么样的情怀？

生2：什么样的人被称为老臣？

生3：英雄们为什么会泪满衣襟，英雄指的是谁？

生4：天下计是什么计？

师：由熟悉三国的同学来讲讲。

生5：隆中对策——踞荆州，取四川，然后取天下。

师：读"两朝开济老臣心"看看能不能从这句中读出什么是老臣？

分析与联想结合，在读的过程中加深理解，通过分析和联想，进一步体验诗人的情感。

由小处着手，通过引导学生对"寻"、"自"、"空"三个字进行细致的分析，进一步体会诗人细腻的感情。

深入了解了诗人这种感情之后，再读这前四句诗，学生自会有一番新的体会。

进入后四句。

由解答学生多元问题入手，这种方式要求教师具有机敏的应答能力和良好的知识文化储备。

生6："老臣"分开讲："老"——经历几代君王；

"臣"——老臣要尽忠尽职，对每一代君王都忠心。

师：我们在前面听到杜甫轻轻地呼唤了一声"丞相"，在这里我们又听到他深情地赞佩了一声"老臣心"。现在我们来看看"开继"这两个字，这两个字也可以帮你体会丞相可不可以被称为"老臣"。"开"是什么意思？（生齐答：开创。）

师："继"呢？（生齐答：继承。）

师：这是注释中的解释，现在我想请一个了解当年蜀相是怎样辅助刘备开创大业，又怎样辅佐后主继承大业的同学讲讲。（略）

由 "开"、"继"入手，解答学生问题。引导学生读诗时要结合前后内容细细品读。

【点评】

这是一个典型的兼顾朗读法和字词分析法的教学案例。本案例很好地将朗读与分析结合起来，首先通过学生自己反复朗读形成对这首诗的整体理解，然后在老师的引导之下，由细处着手，仔细品味这首诗，分析诸葛亮这位感人的丞相形象，体会作者对丞相的深深思念和敬佩。在分析当中，每分析一句必反复朗读，通过分析后，学生读得更有感情，在朗读中也能再次品味诗句，进一步加深理解。可见，朗读和对诗句本身的分析理解是相辅相成的。

由于这是针对六年级学生进行的古诗教学，所以在教学中，老师除了注重朗读以外，还加重了对历史知识的介绍。这是与低年级古诗教学的不同之处。

二、 现代诗

现代诗指"五四"以后的白话诗。在小学教材中，新诗大部分是指儿童诗。现代诗教学要注意以下几个问题：

1. 联系现实生活，引导学生理解诗歌；

2. 通过分析重点字词来感知诗歌；

3. 指导学生有感情地朗读、背诵。

把握诗歌中的情感是现代诗教学中的一个重要教学目标，现代诗节奏鲜明、语言优美适于朗读，要真正把握诗中情感，就要在理解的基础上反复朗读。一般来说，现代诗的篇幅较长，学生在课堂上背诵有难度，因此教师在课堂上可教给学生背诵的方法，由学生课外背诵。

案例二

《七子之歌》课堂实录

（北师大版① 四年级下册）

师：同学们，今天我们一起来学习著名诗人闻一多先生的一组诗。（板书：七子之歌）请同学们大声地读一读题目。

生：《七子之歌》！

师：题目中的"七子"指什么？

生1：指被帝国主义列强占领的七块土地。

生2：分别是澳门、香港、台湾、九龙、广州湾、威海卫和旅顺大连。

生3：作者把这七块被侵占的领土比作祖国母亲的七个儿子。

师："歌"字是什么意思？

生1："歌"指"歌唱"。（生2：指"歌咏"、"诗歌"。）

师：我们平常唱歌、歌咏时，心情是怎么样的呢？

生：高兴！愉快！

师：那文中"七子"的歌是不是也一样呢？这节课，就让我们走进《澳门》、《香港》，一起去感受百年的沧桑。（板书：澳门 香港）

师：请同学们拿起手来，跟老师一起写。"澳"字下面的"大"这一横要写长一点，才会好看。"港"字注意下面共三笔哦。

师：请同学们打开课本101页，把这两首诗读一读，争取读正确，读通顺。（生自由读课文）

师：会读了吗？谁先来？（生1读《香港》）

师：不错！另一首——（生2读《澳门》）

（生齐读两首诗）

师：想一想，这两首诗有哪些相同的地方？

生1：都表达了渴望回归祖国的心情。

生2：都有一个共同的诗句："母亲，我要回来，母亲！"

言简意赅，直接入题。

"七子之歌"题解。

"歌"究竟在吟咏哪种情感？以此点拨学生，具有提纲挈领的功效。

识字虽然不是诗歌教学的重点，但也是一个不可忽略的方面，在教学中应适当涉及。

---

①长春版教材在三年级上册收录有《七子之歌——澳门》篇，教师在授课时可以借鉴该教学实录。

师：请读一读这句诗。（生2读，然后生齐读）

师：是啊，他们都是流落在外的游子，渴望回到母亲的怀抱。"我要回来"是他们共同的心声。（板书：我要回来）

抓住"我要回来，母亲"这一切入点，等于抓住了题眼。

师：通过刚才的朗读，你发现哪首诗更难以理解？

生：《香港》。

师：好，那我们就先来学习《香港》。请同学们轻声读这首诗，想一想诗句的意思，在不懂的地方做上记号，等一会儿提出来交流。

先难后易，学无定法。

生："凤阙"是什么意思？

师：你能把那句读出来吗？（生读）

师："凤阙"的意思是指皇帝的宫殿。这是一个比喻句，谁能理解它的意思？

生1：这句话把香港比作守卫皇宫的黄豹。

生2：我从后半句理解到，这句话是说香港的地理位置很险要，好像是保卫皇宫的黄豹。

师：讲香港是保卫祖国重要的海防前线，还有哪些不懂吗？

学生提问，师生共同释疑这种方法有利于有针对性地解决教学疑点，而且对深度解析诗文很有帮助。

生："如今狞恶的海狮扑在我身上"这一句中"狞恶的海狮"指的是什么？

师：谁知道？

生：指帝国主义侵略者。

师：具体指哪个国家？（生同声答：英国。）

生："啖着我的骨肉，咽着我的脂膏"中的"骨肉"、"脂膏"是什么意思？

师：哪个同学能理解？

生：指英国人占领我们的土地。

师：仅仅是土地吗？

生1：还有资源、矿产、白花花的银子。

生2：我联系上一句来理解。这句话是说，侵略者在香港的土地上杀人放火，掠夺我们的财富和各种宝贵的东西。

师：是啊，英殖民主义者烧杀抢掠，无恶不作！他们强占了我们的土地，掠夺了我们的资源，搜刮了人民的血汗钱！而带来的却是祸国殃民的鸦片！来，把这两句连起来

在问题的提出和解答过程中，老师与学生一起品词析句。品词析句是诗歌教学的一种重要方法。

层层深入，师生间不断对话，使学生更深刻地理解诗歌内涵。

教师的激情

读。（生读）

师：读了这句话，你仿佛看到了什么？

生1：我仿佛看到了英国人正拿着洋枪大刀，在香港的土地上耀武扬威。

生2：我仿佛看到了英国人正在掠夺我们的财富，放火烧我们的房子。

生3：我仿佛看到美丽的香港正遭受侵略者无情的践踏，香港人民正在痛苦呻吟……

师：这时候，你的心情如何？

生1：我很气愤！

师：那你能读出这种感情吗？（生读，很有感情，掌声响起）

师：从你的朗读中，我能感受到你满腔的怒火。还有其他的心情吗？（生答略）

师：大家都有各自的感受，那你们就带着自己的感受读一读吧！

师：还有不理解的地方吗？

生："哭泣号啕"是什么意思？

师：请你先把那个句子完整地读一遍。（生读）

师："哭泣号啕"都是形容哭的，谁知道"哭泣"和"号啕"有什么区别？

生1："哭泣"只是流泪，但没有声音，"号啕"是大声痛哭的意思。

生2："号啕"好像比"哭泣"更伤心。

师：什么样的情况下，你们才会号啕大哭呢？

生1：受了很大的委屈。（生2：忍无可忍。生3：伤心到了极点。）

师：那你们能把这种感情读出来吗？（生读）

生：为什么会"呼你不应"呢？

师：谁能回答这个问题？

生1：因为当时清朝政府腐败无能。

生2：当时鸦片战争失败后，香港被割占，清朝政府想管也管不了。

生3：因为清朝政府很腐败，根本不关心香港人民的死活。

点燃了课堂，酣畅淋漓！

始终倡导"有感情地朗读"。

分析诗中的重点、难点词语，在分析中加深学生对诗歌感情的理解。

联系历史，体会香港人民的情感历程。

师：当我们受到委屈，受到欺侮，最本能的会怎么做？

生1：会向妈妈求救。（生2：想得到母亲保护。）

师：然而，呼救却得不到母亲回应。这时，香港的心情会怎样？

生1：很害怕。（生2：很无助。……）

师：那你们能把这种感情读出来吗？（生读）

师：解决了课文中的疑难问题，现在，我相信，你们能把整首诗读得更好。（老师用沉痛的、悲愤的语调两次解读诗歌，学生在老师铺垫好的情绪之后反复朗读）

师：香港无时无刻不想着回到祖国母亲的怀抱，而更早被占领的澳门又如何呢？请同学们轻声地把《澳门》读一遍，想一想，你能读懂什么？（生读）

师：这一首大家应该比较熟悉了。你读懂了什么？

生：我读懂了澳门离开祖国太久了！

师：同学们，你们有离开过母亲的经历吗？还记得离你母亲最久的那次吗？（学生各自谈及自己离开母亲的时间和感受）

师：同学们，你们离开母亲有的四个月，有的两年，最多的不过四年。大家都觉得很久了，可我说你们要是跟澳门比起来，那可一点都不久。知道澳门离开祖国多久吗？

生：三百多年。

师：从 1553 年葡萄牙人开始登陆澳门，到 1925 年闻一多先生写下这组组诗时，已经整整过了 372 年了！372 年是一个什么样的概念啊？那是 4464 个月，13 万 5800 个白天和夜晚啊！读——

生：读"我离开你的襁褓太久了"。

师：还读懂了什么？

生1：读懂了澳门迫切希望回到母亲的怀抱。

生2：我读懂澳门虽然被占领，但心中仍时时不忘祖国。

师：能说一说，你从哪句读懂的吗？

生1：我从"三百年来梦寐不忘的生母啊"这句话读懂的。

生2：我还从"但是他们掳去的是我的肉体，你依然保

很细腻的引导和分析，如临其境。

反复朗读中，充分体会诗中的情感。

先联系学生日常生活中的情感体验，然后再去体会诗中作者的情感。

诗歌教学始终以感悟为基本方式和终极目标。这堂课中，老师为突出情感主线，采用了一咏三叹的方法，

管我内心的灵魂"这一句读懂的。

师：能把这两句读好吗？谁来试一下。（生读）

师：谁来评一评？

生1：我觉得他读得有感情，他把"梦寐以求"这个词读得很大声。

生2：我还听出了他对母亲那种亲切的感觉。

生3：要是你能把"但是他们掳去的"这几个词读重一点，读出愤怒一点的感情，会更好！

师：你能读给大家听一下吗？（生读，掌声响起）。还能读懂什么？

生1：我读懂了澳门被侵略，内心很痛苦。

生2：我补充一点，除了痛苦，还感觉很屈辱。

师：能说一说吗？

生1：澳门是活生生被侵略者从母亲的襁褓中抢去的，他不想离开母亲，内心很痛苦。

生2：澳门被抢去，还被取了个"妈港"的名字。

师：谁知道"妈港"名字的由来？

生：葡萄牙登陆澳门，问当地的人民，叫什么名字。当地人指着旁边的"妈阁庙"告诉他们。

师：英语写作"Macau"（板书），对于"妈港"这个名字，土生土长的澳门人会喜欢吗？

生：不喜欢，这是侵略者强加给澳门的，是一种耻辱。澳门人喜欢的是祖国母亲给取的乳名"澳门"。（掌声响起）

师：正因为澳门饱受屈辱，离开母亲太久了，所以他急切地想回到母亲的怀抱。我们一起来读一读最后一句。（生齐读）

师：同学们，你们的体会都很深。谁想把整首诗有感情读给大家听。（生1、生2读，掌声）

师：这两位同学都能把自己体会到的有感情地读出来。下面，我们一起来读这首诗。（生齐读）

师：同学们，此时此刻，你的心情怎样？

生1：感到很悲伤！国土被侵占，同胞正在受苦。

生2：我感到很气愤，气愤帝国主义国家的残暴和凶恶。

反复朗读，逐步深化对诗歌的理解。

在反复的体悟中精进朗读，学生的认识逐步变得深刻起来。

生3：我感到很痛苦，很屈辱。

师：你们的心和诗人，和澳门、香港人民是相通的。其实不止是你们，包括我，包括后面听课的老师，包括所有的中国人，读了这两首诗，心情都会是一样的。

师：现在，我们再回过头来看课题。你认为"七子之歌"中的"歌"那是一首什么样的歌？

生1：我认为是悲伤的歌（师板书——悲歌）

生2：我认为是愤怒的歌（师板书——愤歌）

生3：我认为是痛苦、仇恨的歌。

师：是啊，这是一首满怀悲愤、渴望回归的歌。（板书——盼归）

师：一声声的呼唤，一次次的期盼，终于迎来了激动人心的时刻。

请看——（播放香港、澳门回归的课件）

师：此时此刻。你的心情又如何？

生1：我感到很激动！（生2：很兴奋！生3：我感到特别的自豪！）

师：假如闻一多先生还活着，也一同见证了这历史的时刻，他会说些什么？心里会怎么想？

（生踊跃发言，略）

师：现在你们就是闻一多先生，看到了澳门和香港回归的场面，重新来写《澳门》和《香港》，也用文中第一人称的拟人写法来写，你会怎么写？（下课铃响）好，回去以后，写在家庭作业本上，下节课交流。

> 回扣上课初始时有关"歌"的情感内涵的讨论。此时学生再回头看题目时，必定有更深刻的理解。

> 一组七子之歌就是一首情感真挚的爱国宣言，通过香港、澳门回归时的情景再现，一种国家的自豪感在学生心中油然而生。

> 布置作业。

【点评】

本案例充分体现了现代诗教学的特点。在教学中，老师充分运用了朗读法、字词分析法来组织教学，同时将教学的重点放在感悟诗歌的情感上。教师充满激情地引导，学生热忱地质疑问难，师生共同品词析句，紧扣诗魂，感悟诗意。

三、寓言

所谓寓言，就是借一个简短生动的故事来说明一个深刻的道理。可见，寓言最基本的特征即故事性和说理性。由于寓言经常运用比喻、夸张、拟人等修辞手法讲述故事，善于通过生动的故事进行说理，符合儿童的接受心理，所以，在教

育儿童方面起着很重要的作用。此外，阅读寓言还可以锻炼学生的思辨能力。

讲授寓言故事的目的是让学生领悟其中的道理，而道理就蕴藏在故事中，所以寓言教学的第一步就是指导学生读懂故事都讲了些什么；其次，寓言的语言具有形象生动的特点，因此在教学中要引导学生体会精辟的语言；最后，要指导学生有感情有表情地朗读寓言。

案例三

《亡羊补牢》教学片段一 （长春版 三年级下册） 师：今天我们要学习的课文是—— 生：《寓言两则·亡羊补牢》（齐读课题） 师：你们知道什么是寓言吗？ 生：很有道理的故事。 师：蕴涵着道理的故事。我们要怎样学好寓言？ 生：学习道理！（板书：道理） 师：除了学习道理，还要学习什么？一下子就学习道理吗？ 生：要知道故事。（板书：故事） 师：今天我们掌握好这两点就能学习好课文。 师：今天学习《亡羊补牢》，请给"亡"组词。 生1：死亡（板书：死亡）（生2：亡羊补牢。） 师：请给"牢"组词。 生3：监牢（板书：监牢）（生4：坐牢。） 师："亡羊补牢"里的"亡"、"牢"是什么意思？ 生："亡"是死亡的意思。（其他回答：牢房、羊圈、失去……） 师：平时，我们学习的"亡"是死亡的意思，有人认为是失去的意思，有人认为"牢"是牢房的意思，到底是什么？找证据必须先读课文，请你们到课文中找找答案。记住：先要慢慢地读，遇到生字自己借助拼音解决。（生读）	问答式导入。 　　在这师生的一问一答中，明确了什么是寓言，以及怎样学好寓言。 　　标题激趣，引导学生去探究"亡"、"牢"在课文中的具体含义，鼓励他们在课文中找寻证据。通过这一过程学生既理解了生词的意义，又疏通了

师：读通一遍后，请小组长带领全组读课文，听到谁读得不准，一齐都帮他。然后，各组交换小组长再检查一下读书情况。（小组长汇报读书情况）

师：以后小组检查时，要齐心协力，争取好成绩！

（课件出示三句话）1. 原来羊圈破了个窟窿，夜里狼从窟窿钻进去，把那只羊叼走了。2. 街坊劝他说："赶紧把羊圈修一修，堵上那个窟窿吧。"3. 他很后悔，不该不接受街坊的劝告，心想，现在修还不晚。

师：请小组分读这三句话。（生读）

师：哪个聪明的孩子发现肖老师为什么要选这三句话？

生：因为三句都有"窟窿"。

生：因为生字就藏在这三句话里。（自由朗读这三句话，齐读。）

师：课文读熟了，但问题还是没有解决，请默读课文，想想"亡"、"牢"是什么意思？一会儿小组交流，你得找出证据，看看从哪个句子找到的，把它划下来。提醒大家，证据可能不止一处。（学生自学，小组交流；教师巡视，作适当点拨）

生："亡"是丢失的意思：我是从"原来羊圈破了个窟窿，夜里狼从窟窿钻进去，把那只羊叼走了"找到证据的。

师：要读准"圈"、"叼"等字。"亡"不是"死亡"吗？

生：是羊被叼走，他丢失了羊。

生：还有："第二天早上，他去放羊，发现羊又少了一只。原来狼又从窟窿钻进去，把羊叼走了。"

生："他赶紧堵上那个窟窿，把羊圈修得结结实实的。从此，羊再也没有丢过。"

生：一直都是说羊丢了，没有说羊死了，可能羊还没有死呢。

师：好了，现在大家认为"亡"是什么意思？（生齐回答"丢失"）

师："牢"是什么意思？

生："他赶紧堵上那个窟窿，把羊圈修得结结实实的。"

故事情节。

分组学习，自主学习。

小组学习讲究合作精神。

这三句话找得很精辟。通过这三句话可以大概掌握这篇寓言的故事情节；这三句话中又暗含了"亡"和"牢"的涵义。让复杂的问题变简单。

问题没有解决，耐心等待学生自己找出证据，并提醒"证据可能不止一处"。

学生从文中自己得出结论。

明确"亡"、"牢"含义。

"牢"是"羊圈"的意思。 师："补牢"就是"修羊圈"。 生：街坊劝他说："赶紧把羊圈修一修，堵上那个窟窿吧。" 师：街坊说修羊圈就是"补牢"。（师进一步解说"牢"的构字意义：宝盖头是表示房子，以前牛、羊住在一起，"牢"就是给牛羊住的地方。） 师：按照刚才的方法，把丢羊的句子和补羊圈的句子找出来，自由练读。	从汉字造字法角度进一步讲解"牢"字，使学生印象深刻。

【点评】

在长春版语文教材的编排中，学生第一次接触寓言是在二年级上册，因此三年级的学生对于什么是寓言已经有了初步的了解，那么在三年级的时候教给孩子如何学习寓言，学习寓言的要点是什么就很有必要了。在这堂课中，老师以解决"亡"和"牢"的古今异义为切入点，在寻找字意的过程中，自然地使学生了解了寓言故事的内容，这是一个不错的方法。另外，本案例还强调了自主学习，给孩子更多的主动权，让学生分小组研读课文，这是对学生学习能力的很好锻炼。

另外，我们应明确：学习寓言故事有两个要点，一是了解故事内容；二是揭示寓意。揭示寓意是教学的重点，也是教学的难点。由于小学生特别是中低年级的小学生，他们受阅历的限制，看问题往往停留在故事的表面，因此寓意的揭示就需要老师巧妙的引导。

四、散文

散文又叫美文：语言美，描写的人美、景美、其中的情更美。散文的内容多种多样，可以写人、记事、写景、记游，也可以抒情、议论。

散文的特点之一是"形散神不散"，即在内容上，散文由一点生发出来，世间万物无不在其取材范围内，但是一根红线（即一个鲜明的主题）贯穿始终；散文的第二特点是"情真"，大多数散文都是作者有感而发，因此作者的感情在文章中自然流露；散文的第三个特点是"思深"，作者创作散文的目的是要表达思想，一篇散文的好坏很大程度上取决于其写作者的思想深度。这是散文最重要的三个特点。因此，一篇好的散文既可以作为学生学习写作的范文，也可以作为增长见识、陶冶情操的载体。

散文"形散"的特点决定了散文课不易上，但是散文"情真"、"思深"的特点也决定了散文课是最容易让学生闪光的课堂。

✒ 案例四

《秋天的怀念》教学片段

授课教师 北京清华大学附小特级教师 窦桂梅
（长春版 五年级上册）

师：作为高年级的同学，我相信大家的自学能力。我看到，同学们有很好的读书习惯，刚才拿到课文就迅速地阅读起来。这里有个自测题，请同学们看看，自己的读书到了哪一个台阶？（课件出示）

"自测：正确——流利——有感情"

生1：我觉得我到了"有感情"。

师：好啊，想坐下可不行。（对着同学们说）他说他读到了"有感情"，咱就听听，他怎么个"有感情"。听人家读要听音儿，等一会儿我们可要对他进行一番评价的啊！（对着该同学）好，你想读哪儿就读哪儿！

生1读："邻居们……"（略）

师：想让谁评价？主动权给你了。（学生自己选择同学对己评价）

生2：他读得——（师提示：你对他说话，要用"你"）

生2：你读得很好，不过你读得太短了，不能表现你读得有感情，你应该读得长一点。（众笑，生1解释：我是因为激动的原因。）

师：也就是说，你读得太短，人家没感觉，你自己激动，人家还没感觉到。你愿意继续读下去呢，还是让别人接下去读？主动权给你。

生1：（继续读下去）"看着看着……"

师：请你转过去，你看，评你的那个同学又举手了。

生2：没错，你读的是很有感情，但有添字和减字的现象，刚才你读的——（指出具体字句）

师：根据你平时对他的了解，你认为他确实是激动呢，还是真的没读好？

生2：凭着我对他的了解，我想他是太激动了。（生1频频点头）

开宗明义，指出朗读的三重境界。

"你想读哪儿就读哪儿！"
"想让谁评价？主动权给你了。"——处处显示出"尊重的教育"。

提示学生评价同学时将"他"换为"你"，将课堂上交流的对象由"师—生"转换为"生—生"。这样就将课堂真正地还给了学生。

学生之间的评价有时过于偏

师：读正确是对作者的尊重，也是对你的朗读精益求精，高标准要求呢。对他读的感情如何，你也可以评价一下。

生2：我觉得你把对母亲思念的感情读出来了，我想你以后可以读得更好。

生3：我也觉得你读得有感情，但是你有的地方并没有把他的脾气的暴怒无常读出来，像："望着望着天上北归的雁阵，我突然把前面的玻璃砸碎。"他就是——（模仿很平淡的语气），没有读出动作的暴怒。这就是一点不好的地方（该生"暴怒"地读了起来，众鼓掌）。

师：怎么样？人家对你的评价，你怎么看？

生1：我觉得你说得很正确。谢谢！（生3对其态度表示满意）

师：给他们掌声！（学生鼓掌）掌声的原因，他们能发表自己的看法，这是难能可贵的！尤其是同学们对课文中出现的儿话音较多的两句读得很准。我们再读读。（读"咱娘俩在一块儿要好好儿活，好好儿活"；"我俩在一块儿要好好儿活"）

师：你们刚才给我的启发很大！我忽然间觉得，平常我们所说的"有感情"怎么这么模糊？他有感情地读，是这样；可那位同学的朗读却是那样的。

生：有人声音细，有人声音粗，有人性格深沉，有人性格外向。

生：由于理解的角度不同，自然读出的味儿也就不同。

师：是啊，读书是个人的，我们在尊重别人的朗读的同时，我们也有自己的滋味，我们不再评价别人：你读得"真有感情"啊。这真有感情，应该说"读得有特点，读得有个性，读得有自己的味道"。（出示课件"读出韵味"）

师：让我们一起再大声提示一下自己。

生：读出韵味！

师：不信，我们先读读课题的韵味。

师：（板书）怀念、秋天——（生读这两个词语）；中间加一个字"的"——（生读出这个词组）。注意：怀念的"秋天"——你的眼前会是怎样的情景？

激，老师将学生的评价引向公正全面，保护了发言同学的积极性，这也是一种教学的艺术。

强调这句话，使学生加深印象，为后来的教学环节作好铺垫。

"有感情"是我们在朗读中常提的要求，但怎样才是"有感情"呢？这里，教师做出了解释：读得"有特点"、"有个性"、"有自己的味道"——"读出韵味"。

"怀念的秋天。"

生1：怀念秋天里发生的一件事，一件刻骨铭心的事。

师：带着你的想象读课题。（读略）

生："怀念的秋天"，让我踏着秋天的落叶，陶醉在小路上……

师：带着你的理解读出你的韵味。（读得陶醉）

生：我眼前出现的画面是一个人在怀念秋天的美景，片片飘落的黄叶，从北向南的雁阵……

师：好，带着你的体会读吧。（读得舒缓）

师：注意：把这两个词语的位置调换一下，再读——

生：秋天的怀念。

师：有什么变化？请最后一排那位男孩来回答。

生：词语位置变了，我觉得秋天的某个事件或者某个人物……变成了深深的怀念。

生：或怀念秋天里给自己留下感慨的一片叶子或者一片花瓣……

生：我明白了，这秋天的景啊，人啊，事啊，沉淀成了一种感情就是怀念。

师：读出你的理解了哟，这题目的韵味儿就出来了！

师：现在我们就走进课文，品品课文中文字的味道。

师：通过读书，我们知道课文写了几次秋天里看菊花的故事？

生：两次。第一次没有去成，第二次去了，不过是和妹妹去的。第一次母亲要推着他去，没去成。

师：这是为什么？

生：他双腿瘫痪，脾气变得暴怒无常——根本没有心情的。

师：是的，作为21岁的年轻人，突然得了高位截瘫，自然受不了这个打击。读读课文，让我们体会他脾气变得暴怒无常时的心情。

生："双腿瘫痪后……"（学生读得好）

师：（引读课文，进一步深化）望着望着北归的雁阵，他会——

生：把眼前的玻璃砸碎；

师：听着听着李谷一甜美的歌声，他会——

"秋天的怀念。"

通过词语的变化组合巧妙地将不同的韵味表达出来。

充分解题的基础上走进课文。

本节课两次提出这个问题，这是第一次，先从"没死成"的原因展开对儿子形象的分析。

梳理细节，走入"我"的情绪之中。

生：猛地把东西摔向前面的墙壁。

师：还有呢，妈妈要他去北海看菊花，他喊着——

生：不，我不去，我活着有什么劲！

师：作者觉得活得没劲。课文有一句话，请同学们大胆想象，作者又会怎么样呢？（出示课件：独自坐在屋里，看着窗外的树叶"唰唰啦啦"地飘落，我＿＿＿＿＿＿＿。）

生1：……我会想起小时候像落叶一样尽情飞舞的情景，可是现在再也不能像落叶一样飘飘洒洒了呀，我活着还有什么劲？

生2：独自坐在屋里，看着窗外的树叶"唰唰啦啦"地飘落，我不禁暗暗流泪，我的命运就像那落叶一样唰唰啦啦落地死去。

师："我"活着还有什么劲儿！原来活蹦乱跳的，现在突然坐在轮椅上，发这么大的脾气，此时的他的确很痛苦（回扣一下"苦"字），要是他是你的朋友，或者你的哥哥，妹妹，面对他这副样子，你会怎么做？

生1：我是他的妹妹的话，我会劝他说：人人都有苦，但不要随便发泄这苦，这会更伤你的。

生2：我会安慰他：人不一定没有双腿就会变得懦弱；人没有双腿，还是可以干出一番大事业。

生3：我可以告诉他：你可以练一项体育技能将来参加残疾人奥运会，说不上能拿大奖呢。

生4：虽然你的腿瘫痪了，但是世界是美好的，只要你用心灵去感受。

师：谢谢同学们，你们的爱心让大家感动。不过我想采访你们，你们讲的道理很对，建议也不错，不过，请你设身处地地想想，他能听进去吗？（学生停了停，开始议论）

生：嗯，他也许听不进去。

师：面对这样的儿子，面对这样的现实，怎么做更合适些？让我们看看母亲是怎么做的吧。

生：母亲扑过来，抓住我的手，忍住哭声说："咱娘俩，好好儿活，好好儿活！"我从母亲的动作中看出她劝儿子要好好儿活。

师：感谢你，让我们大家跟这名同学一起讨论讨论母亲

选取一个点引发学生的想象，进一步使学生体验到"我"当时的情感，同时又对学生进行了语言训练。

确认"痛苦"的合理性，同时为后文再次回扣"苦"字埋下伏笔。

抓住中心句展开对母亲形象的解读。

的做法。（出示课件文字：母亲扑过来，抓住我的手，忍住哭声说："咱娘俩，好好儿活，好好儿活！"）

师：请你们默读这句话，注意这几个动作。（老师点示"扑"）母亲"扑"下去的会是什么？

生：因为儿子不想活了，所以母亲扑下去的一定是儿子想要去死的信念。

师：啊？"信念"？把其中的一个字换一下意义完全不同了。

生：是念头。

师：好。其实，你很会联系上下文理解呢，那就把你理解的"扑"带进去句子里，读给我们听。（生读，很有力量）

师：那么，我还要问，"母亲抓住我的手"，"抓"住的仅仅是我的手吗？

生：母亲抓住的是我想要死的念头，她想抓住我，怕我轻生。

师：就把你的体会带进去，读。

生：咱娘俩在一块儿，好好儿活，好好活。（生读。掌声）

生：我想补充，母亲抓住我，也是让我必须具有好好儿活下去的信念。（再读）

师：请再默读这句话，看看母亲"忍"住的究竟是什么？（小组讨论）

生：明白了，母亲隐瞒自己的病情，没有告诉儿子。

生："她的病已经到了那步田地……疼得她整宿整宿翻来覆去睡不着觉。"

生：邻居把她送到医院时她大口大口地吐着血……

生：她的病已经进入晚期了。

师：用医学名词说，这是——

生：肝癌。

师：肝癌什么症状？除了课文的说明，还有哪位同学或听课的老师知道吗？

生：（该生哽咽）我的姥爷就是这种病死去的。（他说不下去了。听课老师站起来接着讲，自己的父亲就是得这种病去世的。肝硬化，肚子硬了，尿排不出去，肚子越来越大，

分析"扑"、"抓"、"忍"这三个字，通过细节来分析母亲的感人形象。

教师多次强调"好好儿活"，使学生在无形中形成了对这篇散文主题的印象。

层层深入，讲解母亲的病情，使学生进一步融入到人物的血肉当中，感同身受。

还吐血,不是一个痛字了得……)

生:这是一位病入膏肓的母亲。

师:母亲她活着很苦啊!(回扣一下"苦"字)亲爱的同学们,一个患肝癌病的人只有自己知道有多痛,无法用语言描述,而且还知道自己就要死去……是这样的母——亲!那么这样的一位得绝症的母亲,有没有"看着看着北归的雁阵,突然把玻璃砸碎"?

生:没有。

师:她有没有"听着听着李谷一甜美的歌声,把东西摔向墙壁"?

生:没有。

师:有没有大声喊着"我活着还有什么劲"?(生:没有!)

师:母亲为什么没有这样做?

生:为了儿子!

师:送她一个字。(生:爱!)

师:这爱就是——(生:忍。)

师:带着你们的体会读这句话。(咱娘俩在一块儿,要好好儿活,好好儿活。)

师:请再读课文,琢磨琢磨,母亲忍住的还有什么?

生:母亲还忍住了儿子的病给自己带来的打击。

师:谢谢你的发现,请具体讲讲。(学答略)

师:母亲几次要求推着儿子到北海看菊花?

生:两次。第一次:"听说北海的花儿都开了,我推着你去走走。"第二次:母亲进来了,挡在窗前:"北海的菊花开了,我推着你去看看吧。"她憔悴的脸上现出央求般的神色。

师:我听出来母亲的"央求",谁再读读这句话,再体会体会母亲的央求。(读略)

师:注意,母亲还是憔悴的脸上现出央求般的神色。

生:母亲不仅仅自己的病让自己憔悴,为儿子操碎了心,更会让她憔悴。

师:所以啊,是一副憔悴的脸上现出的央求般的神色——再读!(读略)(学生分析课文中母亲"忍"的表现)

再次回扣"苦",此时学生很清晰地意识到:母亲的"苦"要远胜于"我"!

面对人生磨难,病入膏肓的母亲和自暴自弃的儿子形成鲜明对照,显示出母爱的坚忍、伟大。

对母亲来说,"爱"就是"忍"!

第二次提出这个问题,这次重在解析母亲的形象。

忍字"心头一把刀",母亲

师：好，带着你对"忍"的理解再读一读。（咱娘俩在一块，要好好儿活，好好儿活。）

师：谢谢你们，让我们在这个"忍"中体会又一层韵味。那么，再请同学默读课文。看看母亲还忍住了什么。

生：忍住的还有儿子的抱怨。因为母亲对儿子特别地理解，所以她能忍受儿子的摔东西、砸玻璃等暴怒无常的脾气。

师：好！会读书，请再细读读，看看母亲又是怎么"忍"的呢？

生："……母亲就悄悄地躲出去，在我看不见的地方偷偷地听着我的动静。当一切恢复沉寂，她又悄悄地进来，眼边红红的，看着我。"

师：这里重复用了一个词，那就是说，母亲的"忍"体现在——

生："悄悄地"。还有一处，也是"悄悄地"——"对于'跑'和'踩'一类的字眼儿，她比我还敏感。她又悄悄地出去了。"

师：母亲这"悄悄地"忍的细节被你发现了，感谢你给大家的启发。请任选一句读一读。（学生读，随机课件出示：1."……母亲就悄悄地躲出去，在我看不见的地方偷偷地听着我的动静。2. 当一切恢复沉寂，她又悄悄地进来，眼边红红的，看着我。3. ……她比我还敏感。她又悄悄地出去了。"）

师：把"悄悄地"去掉，再读读上面的三句话，任意选择一句谈谈你的看法。

生：我谈第三句。因为母亲一说"跑"和"踩"，就会想到儿子的脚瘫痪了，不能走了，不能跑和踩了。所以，母亲又悄悄地出去了。"悄悄地"就是说母亲在儿子面前说话特敏感。

生：这个"悄悄地"体现了对儿子的歉意，觉得自己怎么那么粗心，说话不注意呢？

生：这"悄悄地"也体现了对儿子的关心。

师：还能把关心再具体一点吗？

生：母亲对自己的话很敏感，就连说话都那么小心。就

的心顶住了多少刀锋的踩躏！

通过分析"忍"的具体内容使母亲的伟大形象凸显。看似没有内容的地方却是理解文章的关键，教师的点拨作用正在于此。

将课文中母亲的三处"悄悄地"归纳起来，集中让学生去品味母亲的感情。上面总结出来的母爱在这里得到了具体的证明。

教师不但要训练学生总结归

是怕儿子伤心，她在儿子面前特别小心。

师：用个成语，那就是——

生：就是小心翼翼！

师：这是一位怎样的母亲啊，请你读读这句话，让我们跟着你体会母亲的"小心翼翼"。（生读。掌声）

生：我谈第二句。不用上"悄悄地"呢，就体会不到母亲的苦心。她想让儿子尽情地发泄一下，就又悄悄地进来，这就更体现出母亲非常耐心，不忍心打扰儿子。

生：的确，母亲出去了又回来，回来又去，一遍又一遍，眼圈红红的，说明刚哭过，可是在儿子面前还要忍，一句话，就是为了儿子。也就是同学说的耐心无比啊！（生读得很慢）

生：我说第一句。悄悄地躲出去，又在看不见的地方偷偷地听动静。如果母亲不是"悄悄地"，就那么随便地出去，根本就体会不到母亲对儿子的理解和关心。

师：把"关心"再具体些，就是对儿子特别的——

生：无微不至，也就是特别细心。

师：是啊，她的心比针尖还细啊！把你的感受送进去再读。（生读得较轻）

师：母亲的脚步还是稍重了一些，再轻一点儿。（生读得很好。掌声）

师：你们真会读书呀！由于你（握住该学生的手）的启发，引领着大家体会到母亲痛心中还要细心、耐心、小心——因此，这"忍"中透着的是看不见的爱。

师：经过同学们的品味，我们感到这"扑"，这"抓"后的"忍"——除了忍住对儿子的抱怨，还要忍住自己的痛苦，更要忍住儿子的病痛给自己的双重打击！这是一个怎样的"忍"啊！

生：母亲太理智了，太坚强了！母亲的"忍"是一种怎样的滋味！

生：这"忍"中，我感觉到了母亲所忍住的巨大痛苦！

师：大爱无形。儿子的得病，自己的重病让母亲苦上加苦——然而母亲依然是苦口——（生：苦口婆心。）（教师再次回扣"苦"字）

纳的能力还要注意培养他们将"具体"还原到课文中的能力。

对朗读技巧的点拨贯穿授课始终，有助于学生体验母亲的感情。

"忍"中透"爱"，"大爱无形"！

水到渠成，母亲的形象呼之欲出。

"大爱无形"，撼动人心！

不断回扣含义丰富的"苦"字。

师：也是母亲的良苦——	提炼出了文章的主题思想"好好儿活"。
生：良苦用心。（教师再次回扣板书"苦"字）	
师：那么，"咱娘俩在一块儿，好好儿活，好好儿活……"，这"好好儿活"究竟要告诉儿子什么呢？	
生1：要接受现实，不要自暴自弃。	
生2：现实已经这样了，未来还长着呢，儿子，你一定要好好活。	
生3：正值壮年，你的路还长呢，更要坚强起来啊。	
生4：她要在仅有的时间陪伴儿子一起好好儿活。	
生5：她要儿子坚强地活下去，不要发脾气，要找到一条好好活的路，让他笑看人生，不要被病痛压倒。	
生6：她要告诉儿子面对生活的打击要学会忍受。	
师：母亲没有你们说的那么精彩，那么丰富。母亲的话不是豪言壮语，只有那万箭穿心的"忍"哪！但你们所说的都含在了这句再简单不过、再朴素不过的话里——	通过前面分析的母爱的种种表现以及母亲不能言说的"苦"，此时，再次品味母亲这句"好好儿活"，真是别有一番滋味在心头。
生："好好儿活"！	
师：所以，这"好好"两个字的韵味、复杂的情感都蕴涵在这里——母亲告诉儿子怎么去面对有残缺的生命的理儿，真是意味深长啊。同学们在下面好好读一读。（学生自由品读）	

【点评】

多数人将史铁生的这篇散文的主题提炼为"母爱"，而窦桂梅老师则将其解读为"好好儿活"，这是窦老师在课下仔细研读课文、研究作者写作背景的成果。整堂课都围绕该主题进行，反复强调；通过分析母亲的不易、母亲的"忍"来引导学生体会母亲这句"好好儿活"的分量。整堂课的分析立足文本，最后又将提炼出的感情回归到文本的字里行间，使学生充分感受到细读课文的妙处。

五、小说

小说是通过塑造人物、叙述故事、描写环境来反映生活、表达思想的一种文学体裁。

小说有三个要素：人物形象、故事情节和环境（自然环境和社会环境）。教师应根据这三个要素，把握小说教学的要点：1. 把握人物形象。塑造人物形象是小说反映社会生活的主要手段之一，小说中的主人公，我们一般称为典型人物，这个人物来源于现实生活，但是又不同于现实生活中的人物，是"杂取种

种，合成一个"；2. 抓住情节线索。和故事相比，小说的故事情节更为完整、也更为复杂，有开端、发展、高潮、结局几个部分，因此在教学中要注意抓住情节发展的线索、从整体上把握主要内容；3. 兼顾环境分析。在教学时，还要注意指导学生分析环境，并从中深刻体会环境与人物、主题的密切关系。

案例五

《桥》教学片段

(人教版 五年级下册)

师：这篇课文主要写了件什么事？

生：在山洪暴发后，老支书为了……而牺牲了。

师：同学们见过山洪暴发吗？那是怎样一种场景？（学生没有回答）

师：老师准备了一段山洪暴发的录像，大家先看看，然后谈谈看过后的感受。（播放课件：怒水滔滔，震耳欲聋）

生：太可怕了！

师：嗯，很好，用了一个"太"字。

生：像猛兽一样。

师：哪一个比较形象？

生：像猛兽一样。

师：因为用了——

生：用了比喻。

师：我们读读第一部分，看看谁能提出比较有价值的问题。

生：第一部分"死亡在洪水的狞笑声中逼近"。

师：问题出来了，谁能帮他解答？

生：洪水冲来，像人有声音一样。

师：关键是一个词"狞笑"，什么是狞笑，形容什么的，然后具体考虑一下。

生：狞笑是形容人的。

师：我这样笑是狞笑吗？（师做表情）

生：微笑。

师：哈哈哈！～～（生否认是狞笑。）

师：形容人不准确吧，狞笑是很凶恶的。

> 生活在东北平原上的孩子没看到过山洪暴发的场景，通过直观的影像资料可以让学生更真切地体会到当时情势的危急。
>
> 将课堂的主动权交给学生，调动全体学生进行合作和探究式学习。
>
> 共同探讨具体语境下"狞笑"的含义，帮助学生准确理解课文。

生：像猛兽一样。

师：对，你会读这句话吗？（生齐读）（生单个读）

师：在危急的情况下，人们是怎么样的？

生1：害怕。（生2：惊慌、你拥我挤。）

师：如果当时你在村庄里，你会怎么样？（答略）

师：为什么要过桥？

生：东面西面都没有路。

师：这是一座什么样的桥？

生：窄窄的。

师：你在逃生的人群里，会怎么样？

生：赶紧逃到桥对面去，活下来最重要。

（学生们都悄悄笑起来）

师：很真实的想法。你这样想，我这样想，如果这一百多号人都像大家这样想，会怎样？

生：谁也过不了桥，都挤到水里了。

师：但是有一个人，谁？

生：老支书！

师：面对这样的洪水，老支书又是怎样表现的呢？阅读课文第二、三部分，划出文中描写老支书外貌、动作、语言的句子，说一说老支书是个怎样的人？老支书的哪些言行令你感动不已？（几分钟后）读完了吗？好，请一位同学来说说。

生：第八自然段"他不说话，盯着乱哄哄的人们。他像一座山。"

师：混乱的人群上了窄窄的木桥会怎样？

生：（齐答）桥毁人亡。

师：我们知道这个结果，可是惊慌的人群知道吗？

生：不知道可是有一个人清楚地知道这一点。

师：谁？

生：老汉。

师：从哪儿看出？

生：第8段：老汉清瘦的脸上滴着雨水。他不说话，盯着乱哄哄的人们。他像一座山。

师：与惊慌的村民对比，老汉显得怎样？

学生们的回答很真实，也印证了文中百姓慌乱逃生时的普遍心态。

抓住文中描写老支书外貌、语言、动作的句子分析人物形象，也使学生很感性地领略了小说技法的诸要素。

这位学生一下子抓住了小说的题眼："他像

生1：镇定。（生2：冷静。）

师：从哪儿看出？

生：他像一座山。在慌乱的人群面前，老汉像大山一样的镇定、坚定。

师：真好，把你的理解送进去读一读。

生：（有点激动地）他像一座山。

师：这是一群怎样的村民？

生：（齐）乱哄哄。

师：是的，乱到了同学们难以想象的地步。老汉看到这样一种情况，他没有说话，可是他心里也没话吗？他在心里说些什么？（出示句子练习：我知道……所以我必须……）

生1：如果我是老汉，我会说：我知道这样的混乱，必将桥毁人亡，所以我必须镇定。

生2：我知道大家在死亡的威胁下都失去了理智，所以我必须保持冷静。

生3：我知道我是党支部书记，所以我必须保证全村人的生命安全。

生4：我知道混乱意味着死亡，所以我必须让大家变得有秩序。

师：是的，此时的老汉冷静、刚毅，他是全村人获得生的希望的靠山，带着这样的理解再读这句话。

生：（激情地）他像一座山。

师：老汉说了什么呢？

生：老汉沙哑地喊话："桥窄！排成一队，不要挤！党员排在后边！"

师：在这危难关头，老支书下了命令，谁来下这条命令？

生：老汉沙哑地喊话："桥窄！排成一队，不要挤！党员排在后边！"（不够果断）

师（播放疾风骤雨，洪水来临的音乐）：同学们来不及了，洪水都已经漫过大腿，人们的生命危在旦夕，老汉会怎样下这道命令？

生：（在音乐背景下再读，斩钉截铁而威严）

师：说话简短有力，以严格的先人后己的党纪控制了局

一座山"，直接引发了后面的讨论。

安排联想和想象的训练。层层领悟，层层深入阅读，两相促进。

在一堂课中，教师多次进行了联想和想象的训练，如前面想象山洪暴发的场景；后面想象老支书要对儿子说些什么；山洪退了后，岸上的群众会对幸存的老支书的妻子说些什么。

面，组织大家有序地撤离。短短的一句话里，连用三个感叹号，足以看出老汉话语的威严。

师：还有哪些语言呢？

生：老汉冷冷地说："可以退党，到我这里报名。"

师：在老汉的指挥下，一百多人很快排成队，依次从老汉身边奔上木桥。与刚才的情况相比，现在大家显得怎样？

生：我懂了，人们显得很有秩序，有了秩序全村人就有了生的希望。

师：现在大家再来读读这句话，你又有了什么新的体会？

生：（齐读）他像一座山！（激情澎湃地）

生1：老汉像一座大山阻隔了洪水的袭击。

生2：老汉此时就是人们心中那座巍峨的大山！

生：（齐读）他像一座山！（非常有激情）

师：对于想抢先逃离危险的党员，老人是冷冷的态度。这样才能更好地维持秩序。"冷冷的"是老汉的话，不会冷却的是一颗为人民群众的心。

师：然而洪水是无情的，更加肆无忌惮起来！水渐渐窜上来……（学生接读，这就进入了小说的高潮部分：桥塌殉职）

师：你是抓住哪些词句感受老汉精神的呢？

生：老汉突然冲上前，从队伍里揪出一个小伙子，吼道："你还算是个党员吗？排到后面去！"老汉凶得像只豹子。

师：这里有哪几个关键的词？

生："冲"、"揪"、"凶得像只豹子"。

师：这是老汉对不服从命令者的态度。

（指导表情朗读，读出老汉的凶……）

师：可是老汉揪出来的人是谁？

生：他的儿子！

师：把儿子揪出来排到后面，就意味着他死的危险更大，他不爱自己的儿子吗？从哪里看出来？普天之下，哪个父亲不爱自己的儿女，既然是儿子，可以选择不揪，为什么还要揪？同学们，让我们把"儿子"这个充满血缘、充满亲

通过分析人物语言体会人物性格的魅力。

通过不断精进的朗读训练，学生终于读出了老支书山般的"巍峨"、"坚毅"。

抓住关键词，感受当时场景。

高潮：老支书在生死关头从队伍中"揪出"

情的字眼带到文章中去，再一起来深情地朗诵第三段，我们就更能理解这位平凡而伟大的父亲了。（教师引读："老汉突然冲上前，从队伍里揪出自己的儿子，吼道——"后边为学生接读，把几个"小伙子"都换读成"儿子"。）

生：还有一句话：老汉吼道："少废话，快走！"他用力地把小伙子推上木桥。突然，那木桥轰地一声塌了。小伙子被洪水吞没了。老汉似乎要喊什么，猛然间，一个浪头也吞没了他。

（抓住"吼"、"少废话，快走"、"用力推"、"似乎要喊什么"等词来理解老汉爱儿子。"老汉似乎要喊什么"，如果他还来得及喊，他会喊什么？）

师：我们想象一下：老汉似乎要对儿子喊什么？（板书：喊）（学生讨论回答）

师：此时的老汉又给你留下什么印象？你认为，他是一个怎样的人？

（生回答，板书关键词，如"父爱如山"等）

师：是的，作为一名共产党员，他忠于职守，他是无愧的；作为一个父亲，他和天下父母一样舐犊情深。在生死关头，他面对洪水无私无畏，做出了重大抉择，即便对儿子也是不徇私情！表现出的大爱让我们为之动容。他的身上充满着崇高的人格魅力，闪耀着灿烂的人性光辉。

师：学生们想象一下：当洪水退去后，站在河岸边的群众会对老支书的妻子说些什么呢？（学生讨论回答略）

【右栏】
了儿子，把生的希望留给了群众，结果父子俩双双遇难。

儿子被洪水冲走的一刹那，老汉到底要喊什么呢？——由细节引发的开放式讨论将有助于学生理解到：老汉远非冷漠、无情。

教师总结人物形象。

【点评】

讲授这篇小说有两个难点：一是生长在东北平原的孩子们，从来没有看到过山洪暴发时的场景，对猛兽一样的洪水没有直观印象；二是老支书在生死关头把生的希望留给了群众，导致父子俩双双遇难，十一、二岁的孩子们很难理解这点。无须讳言，语文课肩负着情感教育、德育教育的使命，对学生精神领域的影响是深广的，但这种影响不能是简单的说教，而应该是在个性化解读的过程中，潜移默化地渗透给学生。本案例通过讨论老支书面对死神时的抉择，引发了关于人生观、价值观等重大、深广命题的思考，引导学生领悟到了老支书在职责和亲情间做出如此选择的深层缘由，这一点做得非常成功。

六、 记叙文

记叙文是记叙现实生活中的人、事、物的一种文体，以描写、抒情、议论为主要表达方法。记叙文通常有六要素：时间、人物、地点、事件的起因、经过、结果。记叙文的内容可以分为：写人的记叙文、记事的记叙文、写景状物的记叙文。记叙文的教学是小学阅读教学的重点，其一是因为这种文体在小学教材中所占的比例大；其二是由于小学生的作文是以写记叙文为主的。

记叙文有一个明确的中心思想，作者或歌颂、或评判、或赞成、或反对，记叙文就是围绕着这个中心思想来展开的。记叙文一般都有着清晰的脉络，语言比较自由，教材中选入的记叙文是学生学习写作的范本。在记叙文教学中，教师应注意以下几点：1. 引导学生整体感知文章内容，明确文章中心；2. 掌握文章各部分之间的联系，理清文章的思路、明确文章的层次；3. 抓住文章中的关键语句，体会其深层含义。

案例六

《军神》教学片段	
（人教版 五年级上册）	
师：题目是军神，主人公是谁？	
生：刘伯承。	
师：对了，主人公既然是刘伯承，为什么课文要大篇幅地描写沃克医生的反应呢？	很有价值的提问，暗含写作手法的提炼。
生1：因为从沃克医生的语言和反应中可以看出刘伯承的刚强和精神。	
师：很好，还有吗？	
生2：写沃克医生的神态动作是从侧面衬托刘伯承的刚强和意志。	
师：很好，侧面衬托是这篇文章的一个特点，用侧面描写衬托主人公的刚强，侧面衬托和正面描写紧紧结合在一起，将这个人物塑造得非常丰满，栩栩如生，有声有色，简直可以把这个人物鲜明地立在我们眼前。好了，希望大家以后在写作中也用到这种侧面衬托的方法。课文学到这里，大家一定有很多的感受想抒发，现在，就请大家拿出笔，用一两句话来赞颂刘伯承。	明确指出本课文的写作特点：侧面衬托，并提示学生在日后写作中加以应用。

师：想好的同学可以直接站起来说。（学生发言省略，在发言中，有学生提到刘伯承堪比刮骨疗伤的关云长，老师讲解了这个故事。） 　　师：老师也有一首诗，想要赞颂一下刘伯承。 　　师：英雄壮举泣鬼神，铁骨钢筋筑军魂。 　　　　七十二刀生死痛，胜似关公刮骨人！ （学生热烈地鼓掌）	让学生动笔写、开口说，写和说都得到了锻炼。 　　提供范例以供学生参考。

【点评】

　　这堂课的主要内容就是从动作、语言、心理等方面的描写中分析刘伯承这个人物形象。在教学中，老师通过分析重点句、观看电影片段等教学方式来引导学生感受文中这位刚毅的军人。在教学的最后环节，老师画龙点睛地指出了这篇课文的写作特点，这是很重要的，能够帮助学生提高自己的写作水平。最后，老师以自己所作的一首诗结束全课，这首诗很好地升华了这篇文章的主题，也使学生感受到了语言的魅力。

　　总之，阅读教学是小学语文教学的一个重要环节，它承担着提高学生阅读能力和听、说、读、写等能力的重任。教师在进行阅读教学的过程中，首先要明确这一课阅读教学要达到的教学目的，然后根据教学目的设计教学环节。在教学中，除了要求教师具有一定的教学技巧外，还要求教师自身对文章要有深刻的理解，只有这样才能使阅读教学的课堂生动而充实。

第三节　写作教学

　　写作是运用语言文字来进行表达和交流的重要形式，是认识世界、认识自我、进行创造性表述的过程。写作能力是语文素质的综合体现，写作教学在小学语文教学中占有极为重要的地位。作为语文教师要在课堂上培养小学生动笔写作的意识，使学生易于动笔，乐于表达，引导学生关注现实，热爱生活，表达真实情感。

　　写作教学在小学一、二年级体现为写话教学，在三年级以后则为习作教学。在写作教学的过程中教师可以通过写作（习作）的指导、修改和讲评三个方面培养学生的写作能力。

一、写作指导

　　学生在进行写话和习作之前，需要教师进行指导。指导的目的主要在于激发学生的写作兴趣，解决学生的写作困难。

（一）激发学生写作兴趣

1. 情境激趣法。教师要善于创设和提供写作情境，让学生身处情境中，有所感受和体会，从而激发学生的写作兴趣。

✎ **案例一**

《我们的学校》课堂实录

师：同学们，我们知道大自然中有着无限的神秘和纯美，谁来结合最近学习的课文谈一谈你的认识？（生踊跃回答）

师：今天我们也来写一篇大自然美景的习作，好吗？（生雀跃：好！）

师：谁来说说校园美景都有哪些？

生1：操场四周有美丽的垂柳。

生2：南边有品种繁多的蔬菜。

生3：老师，校园有美丽的大花坛。

师：谁来口头描述一下花坛的景色。（生答略）

师：同学们描述得不全面，现在我们去花坛边仔细观察好不好？（学生齐声说好，像出笼的小鸟，随老师来到花坛边……）

师：这下我们身临其境，看好了吗？谁来给大家说说你看到了什么？

生：我看到了花坛有很多鲜花，有竹叶牡丹、凤仙花、黄芦芦，嗯，还有很多不知名的。

师：那么在习作时列举这些花名之间用什么标点符号？

生：顿号。

师：有多少种都写上吗？如果不都写上，应该用什么符号？

生：写三、四种后用省略号。

师：谁还看到了什么？

生：我看到鲜花的颜色很多，有粉红、紫色……

师：花坛中还有什么？

生：还有蝴蝶和小蜜蜂。

师：好，说说它们在做什么？

旁注：
结合最近学习过的课文内容导入作文教学。

引导学生在脑海中再现校园景色，为写作内容做准备。

在学生对写作内容的描述出现一定困难时，采取了让学生走出课堂的方式，让学生亲近校园，对描写对象进行近距离观察。

复习标点符号的使用方法，在实践中应用语文知识。

指导学生学会由静态到动态

生：蝴蝶在花间飞，蜜蜂在采花粉。 师：怎样飞？采花粉做什么？ 生：蝴蝶在花间翩翩起舞，蜜蜂忙着采花粉，为人们酿造香甜的蜜。 师：他说得多好！掌声鼓励。 师：谁还看到了什么？ 生：老师，我还看到了花间有很多草。 师：观察得很仔细。那么我们怎么办呢？ 生：我们去拔一拔（跃跃欲试）！ 师：同学们，我们知道植物是有感情的，你感觉到了吗？你又有什么新发现，又听到了什么？（使观察达到高潮） 生：老师，我看到了竹叶牡丹在向我们点头呢，我还看到黄芦芦一副盛气凌人的样子。 生：老师，我看到牵牛花和黄芦芦真亲密，整天拥抱在一起，舍不得分开。 生：老师，我闻到了扑鼻的花香。 生：老师，我感觉到拉蔓花拉住我的裤脚，舍不得让我走。她说过几天她就要闪亮登场了。 生：老师，我好像听它们说："谢谢你们啦，小朋友！感谢你们为我们创造了清新的环境。" 师：好，回头再看看花坛，有什么变化？ 生：更美了！ 师：这回有东西可写了吧，回去写吧！题目自拟。	的观察，引导学生在作文中进行动静结合的描写。 引导学生去感受植物的情感，使教学活动达到高潮。 运用拟人手法描述自己的感受。 学生们在体验植物特定情感的同时自然而然地明白了什么叫作"拟人"手法，什么叫作"情景交融"。

【点评】

这次习作指导课，最大的特点在于让学生走出课堂，给学生提供了身临其境的习作情境。习作的题目为《我们的学校》，教师在室内创设教学情境，引导学生用语言描述经常见到的景物，但是学生们没有能够说出足够的内容，于是教师带学生们走出课堂，使学生能够近距离地接触写作对象。在亲近自然、细致观察的过程中，学生的写作热情被调动起来了，想象力得到了充分的发挥。另外，教师的引导很有条理，通过层层点拨，学生们除了温习以往知识点，还学会了动静结合和寓情于景两种写作方式。

2. 游戏激趣法。教师还可以在课堂上组织一些有趣的游戏，激发学生的写作兴趣。

案例二

《作文仿写》课堂实录

(小学四年级)

师：老师给大家准备了一些小游戏让大家做一下，玩一玩，知道歇后语吗？

生：(兴奋)知道！

师：谁能说说你知道几个歇后语？

生：猪八戒照镜子——里外不是人。

生：秃子照镜子——光对光。

生：早出的红梅——一枝独秀。

师：刚才这个同学说的，猪八戒照镜子？——(生答：里外不是人。)

师：孙悟空照镜子？——(生答：里外都是猴。)(众笑)

师：还是里外不是人对不对？猪八戒是由猪变成的，他照镜子当然是里外不是人。牛魔王照镜子呢？——(生答：里外不是人。)

师：游戏归游戏，从游戏中，同学们能看出点规律来吗？结合我们刚才说的几条歇后语，同学们看出了什么规律？(思考中)

生：前面说的是谜面，后面说的是谜底。

师：它揭示了歇后语的特点，那你能不能根据我们后面说的几条歇后语总结总结？猪八戒照镜子——里外不是人。孙悟空照镜子——里外不是人。牛魔王照镜子——里外不是人。那么孙悟空照镜子和牛魔王照镜子是根据谁演变过来的呢？

生：猪八戒！

师：对了，根据前面进行了模仿，又形成了新的歇后语。对不对？(生频频点头)这种方法，我们可以把它叫作——？

生：仿写！

师：好，请坐，谢谢你！(板书"仿写")今天这节课我

教师通过游戏调动学生的积极性，采用深受学生喜爱的歇后语介入主题。

教师自己进行歇后语仿写，使学生对仿写有初步认识。

启发学生认识到游戏的规律，引出本节课的教学内容："仿写"。

们就来练练仿写。在座的同学你能说说仿写是什么意思吗？

生：仿照着写。

师：差不多，就是别人说过的话或者你看到的文字，你可以仿照这个形式把它重新地整理一下。举个例子，我来说句话你们来仿写：小红唱歌真好听啊！这是什么句子。找个同学来仿写一下。

生：小红的学习成绩真好！

师：好，不错！

师：这个"真"表达了强烈的感情。谁还能说？你再来仿写一下。

生：小华跳舞真好看啊！

师：……真……，这样的仿写，跟我说的那个例子基本相似。不过这样的仿写缺少了一点新意，也就是一种机械的模仿。（板书"机械模仿"）在仿写的过程中，我们还特别推崇一种能够根据原来的句式，加上自己的内容，推陈出新的那种……给它起个名字叫——"创新"。不要机械模仿，要创新。（板书"创新"）既然我们主张创新仿写，那么还是这句话：小红唱歌真好听啊！你能创造性地再仿写一个吗？

生：这个人真是太伟大了！

师：实在太伟大了。跳出了唱歌跳舞这个圈子，把这个"真"换一下，还能不能有创新？也表达强烈的感情。

生：广场好大！（其他回答：这花儿太美了！……）

师：很好，"真、太、好"都能表达强烈的感情。同学们，下面我们就来练习仿写。仿写不是那么容易掌握的，同学有没有兴趣试一试？（生雀跃）

师：看过幸运52吧，主持人李咏每给选手加油助威时都会说一句：进入第一关。耶！（做出经典动作，师生齐说）

师：我们一起来看。（播放课件简要概述内容）找一名同学朗诵一下，其他同学边听边思考这段文字有什么特点？你发现了什么规律没有？（生朗读、回答略）

师：（总结）它是一个把后面内容概括出来的总起句，一个总起句领着后面四个"有的"构成了一个描写片段。规律找到了，下面老师给大家出一道题。就在给你发的这张小纸上，我给大家准备了两个句子。这两个句子谁来读一读？

（右侧批注栏）

简单句子仿写练习。

在练习仿写的过程中，指出学生仿写的缺点在于机械模仿，进而强调仿写应力求创新，鼓励学生们发挥自己的创造性。

再次使用游戏激趣法。借鉴娱乐节目的模式来设计教学环节，利于振奋学生的挑战情绪。

找规律，提炼句型。引入排比句式。

初次闯关：排比句仿写练习。

生："教室里，同学们都在专心学习——"

生："操场上热闹极了，大家正做着各种各样的游戏——"

师：请你按照刚才发现的规律，仿照上面的两个例子也来写一段话。给大家三分钟时间。（生低头写）好，时间到。谁来读一读？

生：教室里，同学们都在专心学习，有的在看书，有的在写字，有的在查字典，还有的在画画。

鼓励学生的创新思维。

师：好，请坐，再来一个。

生：教室里，同学们都在专心学习，有的读课文，有的写字，有的在看黑板的字，还有的在做小动作被老师发现了。

学生自己体会到运用修辞手法可以使句子变得更加生动。

师：好，给他这个创新鼓鼓掌！这两个同学写得都不错。下面老师提高一点儿难度，同学们认真听，看看还有什么规律？（读句子）

生：用了拟人句，用了"好像"。

师：这么写有什么好处？

生：能让句子生动起来。

师：刚才我们写的时候单纯用了"有的……，有的……"，加上一些能让句子变得生动的成分好吗？谁想好了？这是一道抢答题！

再次闯关：诗歌仿写练习。

生：有的在赛跑，像运动员刘翔一样在跑道上飞奔；有的在玩警察抓小偷，就像福尔摩斯找小偷一样；还有的在玩足球，就像中国足球队一样踢球。

师：这样写起来句子就变得更加生动了。大家对这个片段模仿得有模有样，第一关显然没难住你们，顺利通过！还有第二关呢，大家有没有信心通过？迅速进入第二关！（生雀跃状——"耶！"）

按步骤仿写现代诗。

师：这是一首现代诗歌。请一位同学读一读前两个小节，其他同学边听边注意划线的句子。好，这位同学！（生读例文）

师：请坐，很好，读得非常流利。大家发现句子的规律了吗？

生：这首诗划线的部分是把妈妈的爱比作事物了。

此教学环节的设计主题是

师：第一步，请同学们把横线上的句子补充完整。

师：写出来了吗，写出来的举手，谁敢做第一个吃螃蟹的人？你来。

生：妈妈着急得哭了，啊，妈妈的爱是甜甜的泪。

师：好，第二部分仿写的内容是根据前四小节的写法，补充第五节。谁先写完了就请站起来读读。

生1：母亲节那天，我给妈妈献上了一束鲜花，妈妈笑了，吻了吻我的脸颊，我高兴地笑了，啊，妈妈的爱是甜甜的吻。

生2：在一个很冷很冷的冬天，妈妈把我抱在怀里，怕我着凉，啊，妈妈的爱是温暖的怀抱。

师：好，请坐。带着对妈妈深挚的情谊，我们来读读这首诗的最后一部分。前两关显然没有难住大家，这说明同学们学得认真，这是认真思考的结果。第三关我又增加了难度，但是只要你们认真思考，一定能通过。同学们想不想再继续挑战？进入第三关！（生振奋）——"耶！"

师：第三关是这样的，我开了一间旅行社叫李氏环球旅行社，想在咱们小学公开招聘小导游，请你结合本节课学的内容，写一个小片段，写写家乡和学校最让你感到骄傲的地方。我们的家乡是大安，大安有没有让你感到骄傲的地方？

生1：新世纪广场。

师：嗯，不错。（其他回答——生2：洮南水乡。生3：嫩江度假村。）

师：好，谢谢你的介绍。我还知道大安是渔业发达的城市，是全国著名绿色食品加工地，这些都是我在网上查到的。那么，我们的学校有没有什么让你骄傲的地方？（生答略）

师：好，这几个片段，你任选其一，按照我前面讲的写法，你可以先总结后分述，也可以先讲几件事情然后再总结，明白了吗？

师：7分钟的时间完成你的作业。（学生开始习作练习）好，时间到。哪位同学谁想说说自己写的小片段？来，这位同学。

生：我们大安有一个景点，那是恒源水墩。那里实在太

"母爱"。在仿写教学的同时让学生接受情感教育。

讲清第三关游戏规则：仿写难度逐层递进。

招聘环节的设计注重将写作内容和实际生活相联系。在进行作文教学的同时也培养了学生们的实践能力，同时还能使学生对自己的家乡产生一种自豪感。

美了，那里有漂亮的孔雀，有机灵的猴子，还有会说话的鹦鹉，还有独立在水中的仙鹤。这里不仅有动物，还有许许多多大大小小的房子，红色的瓦盖，白色的房屋，里面还有舒适的沙发。走出房屋，可以看见凸起的山包，呼吸到清新的空气，真是爽！

（结课略）

【点评】

这次作文仿写训练课最突出的特点在于充分调动了学生的积极性，最大限度地激发了学生们的写作热情。上课伊始，学生们便被"歇后语"的小游戏所吸引，课堂气氛立即活跃起来。在正式进入仿写练习教学环节时，教师设计的三个教学部分以电视娱乐节目《幸运52》的闯关模式呈现出来，学生们在轻松的教学氛围中进行写作练习。三个教学部分由浅入深，从仿写句子到仿写段落直至独立写作短文，逐步拓展学生的习作潜力。在进行仿写教学的同时，着重强调了对学生创新能力的培养。另外在培养学生情感态度和价值观方面也做得比较出色，激发了同学们对母爱的感恩和对家乡的自豪感。

当然，在实际操作过程中，应在模仿的基础上还要再升华一下。

（二）解决学生的写作困难

1. 打开学生写作思路

教师要引导学生进行充分的想象和联想，以此开拓学生的写作思路，解决写作材料方面的匮乏。

案例三

《一件难忘的事》课堂实录片段	
师：在我们身边会发生很多事情，有的已经忘记了，有的难以忘记。今天呢，我们就把这难以忘记的事情来说一说，写一写。我们以"一件难忘的事"为题来上一节写话课。从题目上看，要求写的是几件事？ 生：一件事。 师：是一件什么样的事情呢？ 生：难忘的事。 师：非常聪明，千万不要忘了这两点，一件难忘的事。那么在你的生活当中，你认为什么样的事最让你难忘呢？	指导审题，题目重点为两方面："一件事"和"难忘的事"。

生1：我觉得快乐的事情就是难忘的事。 生2：我觉得伤心的事是最难忘的。 生3：我觉得倒霉的事情也是最难忘的事。 生4：丢人的事情也是最难忘的。（其他回答略） 师：像这样的事有很多，那么老师给大家点时间，大家回忆一下：那件使你难忘的事情中究竟有什么特别的东西呢？是什么使你久久难以忘怀？下面请同学们自由说说。 生5：我和同学们一起去郊游的时候我很难忘。 师：为什么呢？ 生5：因为我很快乐。 生6：我跟妈妈去海南旅游的时候很难忘。 师：能不能具体说一下为什么记忆深刻？ 生6：有一次去海边玩，被海浪冲了一下，那种感觉很奇妙永远难忘。 师：因为这样，所以记忆深刻，很好！还有没有？ 生：我在小学二年级的时候，因为感冒没有参加期末考试。这件事让我伤心，永远忘不了。（下略）	引导学生回忆以往生活经历，题解"难忘"的多元色彩。 进一步引导学生说出"难忘"的原因。 只是笼统地说出"很快乐"，还不够。 在教师的启发下，生6谈出了"被海浪冲了一下"的细节，记忆的闸门打开了。

【点评】

　　这是一堂朝鲜族小学的汉语习作课。教师先指导学生审题，将题目吃透，避免出现写作失误。随后教师引导学生对以往的生活进行回忆，让学生想出自己认为"难忘的事"和"难忘"的原因，循循善诱，很自然地解决了学生写作材料方面的困难。面对这样的作文题，关键是让学生敞开心扉，在回忆的海洋中汲取灵感、采撷记忆的火花，积极主动地去倾诉情感。

　　2. 传授学生写作的方法

　　教师要在教学过程中传授给学生写作的方法，使学生在掌握材料的基础上活学活用。

　　📝 案例四

《离群的小鸡》课堂实录 师：这节课我们进行看图说话、写话的训练。 师：老师这里有四幅图画，图中告诉我们一个十分有趣的故事，你们想知道吗？	以"有趣的故事"引发学生的写话兴趣。

师：请大家观察，图上画了哪些小动物？它们之间发生了一件什么事呢？

　　指导学生整体观察图画。

生：一只远走的小黑鸡差点叫大花猫吃了，是鸡妈妈救了它。

生：是大母鸡救小鸡的故事。

师：同学们说对了，图上画的是鸡妈妈救小黑鸡的故事，这个故事的名字叫"离群的小鸡"。

　　指导学生进行细部观察。

师：那么，这个故事是怎样发生的？结果怎样呢？请同学们从第一幅图开始观察。

师：请同学们仔细观察这幅图，看看故事发生在什么地方，并说一说你是怎么知道的？

生：图上画的是草地，我看见地上有一片片的绿草。

生：我认为画的是院子里，因为图上画有篱笆。

师：同学们观察得很仔细，你认为是草地也可以，认为是院子里也可以。现在我们再用"鸡妈妈带着小鸡干什么"说话。

　　将图画的内容分解为几个简单的问题，以利于理解图画的整体内容。

生：鸡妈妈带着小鸡在草地上玩。

生：鸡妈妈带着小鸡在院子里找虫子吃。

师：好。现在我们再说一说小黑鸡干什么去了。

生：那只小黑鸡跑到篱笆边去了。

生：那只小黑鸡向篱笆跑去了。

师：好。现在我们把这三个问题连起来，说一说这幅图的意思。

　　指导学生观察小动物的动作和神态，分析前后动作的原因，进行动作描写。

生：鸡妈妈带着小鸡们在草地上玩，一只小黑鸡悄悄地离开了大家。

师：我们再来看第二幅图，观察图上都有谁，它们在干什么，然后说一说发生了一件什么事呢。

生：一只大花猫从篱笆空儿中探出身来，它要吃小黑鸡。

师：你是从哪儿看出来大花猫要吃小黑鸡呢？

　　引导学生进行想象，注重心理描写。

生：大花猫前爪向前扑，尾巴向上竖着，瞪着两只眼睛看着小黑鸡，样子挺凶的。

师：大花猫吃到小黑鸡了吗？我们来看第三幅图。

师：仔细观察第三幅图，想一想鸡妈妈在干什么，大花

猫为什么逃跑了呢？	
生：鸡妈妈把大花猫赶跑了？	
师：鸡妈妈怎么把大花猫赶跑的呢？	
生：鸡妈妈张开翅膀，嘴里咕咕地叫着，向大花猫冲去，把大花猫吓跑了。	
师：我们再来看最后一幅图。	
师：我们先看这幅画的是什么，仔细观察鸡妈妈的动作，想一想，这是什么意思？	
生：鸡妈妈用一只翅膀护着小黑鸡，因为小黑鸡刚才被吓坏了。	
师：再观察几只小白鸡的动作，想一想，这是什么意思？	
生：几只小白鸡把小黑鸡围了起来，它们怕小黑鸡再跑出去碰见大花猫。	
师：小黑鸡为什么低着头呢？	
生：小黑鸡想到自己离开了妈妈，差一点被大花猫吃掉了，多危险啊！今后可要听话啊！	
师：同学们理解得都对，现在谁能用一句话说出图意？	
生：小黑鸡又回到了妈妈的身边，它再也不敢离开集体了。	
师：同学们观察得很仔细，并且说出了每幅图的意思，现在请同学们看投影中提出的问题，谁能把这四幅图的意思连起来说给大家听呢？	从部分回到整体。

【点评】

在这节看图写话课中，教师成功地指导学生去看懂图，观察图，说出图中表达的内容。教师要求学生按照"从整体到局部，再到整体"的顺序观察图画。首先引导学生从整体看图，然后让学生了解每幅图的大意，最后让学生将四幅图的内容连接起来，形成一个完整的故事。在此过程中，教师实际上教给学生观察的顺序和写话的顺序，教给学生写话的方法。在指导学生观察的同时，教师还注意对学生进行动作描写、心理描写方面的训练，传授具体的写话技巧。

二、习作修改

新课标要求在第二学段开始培养学生修改习作中明显错误的词句的能力，而第三学段学生要能修改自己的习作，并主动要求与他人交换修改。这就要求教师

在指导学生完成习作之后，还要培养学生修改习作的能力。教师可以通过以下三种方式培养学生修改习作的能力：

（一）给出方法，集体修改

学生一开始并不懂得如何修改作文，教师要进行修改的示范，教给学生修改作文的方法。师生一起进行修改作文的练习。

✑ **案例五**

《说说我自己》作文讲评

师：我们给写出好文章的同学鼓鼓掌，祝贺他们！同学们想不想让我们原有的文章水平再提高一点？我们怎么办？

生1：多看书。

生2：检查。仔细地看。

师：如果遇到不对的地方怎么办呢？

生：要修改！

师：修改！对了。我们戴的项链上最美的玉，是雕刻出来的。好文章也是改出来的。同学们，现在你们的文章可以在小组内进行修改。老师给你们举几个例子，告诉大家同学之间如何互相改：改有明显错误的词句，补充有趣的内容。你来自己读一下——（幻灯片展示）

生：我叫武宏伟，在临江一小学校三年一班上学，我的家住在吉林省，大安市。

师：我们看他的第一段，写了自己的自然情况。

这个"省"字错了，我们在上面修改下。这里有个标点符号，不应该加。因为逗号是表示停顿。"我的家在吉林省大安市"这样就好多了。好，接着读——

生：当有人问我，你的爱好是什么时，我会毫不犹豫的说："我的爱好是画画。"

师：这一段写得好不好呢？

生："毫不犹豫"，不好。

师：有没有不同意见，你自己说说你为什么用"毫不犹豫"？

生：因为毫不犹豫是不用想。

师：对，是不用想，斩钉截铁！体现出你很自信，这个

赏识优秀习作的小作者，激发学生的好胜心，努力寻求提高习作水平的方法。

引导学生们认识到修改的重要作用。

指出作文修改的基本方法。

教师做出修改示范：标点符号和错别字的修改。

对有歧义的地方展开充分讨论，对学生写得好的地方予以肯定。

词好不好？

生：好！

师：这个词用得很好，但是老师要告诉你，你的逗号用得不太恰当，应该去掉。这个段落还有没有不太恰当的呢？

生：他没有写后面的双引号。

师：有前面的双引号，就不能没有后面的双引号。老师还要告诉大家，他这个"的"运用得也不对，因为"说"是个动词，所以前面要用"地"。请你接着来读。

生：每次画画时，我都很马虎，妈妈经常批评我，叫我好好画，不要马虎，从那时以后，我就认真画，画的非常好。家里来客人的时候，都说我画的好，我的心理可高兴了。妈妈说："你不骄傲，你要知道人外有人，天外有天。妈妈说得脸红了。

师：谁发现问题了？

生："妈妈说得我脸红了"，他没有写"我"。

师：我们看看"妈妈说得脸红了"和"妈妈说得我脸红了"一样么？

生：不一样。

师：仅仅是丢了一个字就会闹出很多笑话。就这一段，他哪儿写得好，哪儿写得不好？

生：还有一处错误，"人外有人，天外有天"缺一个后引号。

师：他可真是不够细心，还有吗？

生："我的心理可高兴了"，那个"理"错了。

生：他写的"人外有人，天外有天"这个词用得非常好。

生：应该是"画得好"。

师：老师特别希望你能仔细一点。家里来客人的时候都夸他，他心里可高兴了，写出了他的心理。我觉得这儿写得非常好。好，下面来看下一篇文章。（幻灯片展示）

生：有点读不明白。

师：对，为什么读不明白，有什么缺点？

生：他没有分段。

师：对了，最大的缺点就是没有分段。文章没有层次，

引导学生一一找出习作中的错误用法，并加以修改。

总结。给学生习作以客观评价。

针对学生没有分好段落而造成理解困难的习作，提议大家进行集体修改。

还有的语句写得不通顺，让我们读不太明白。还有吗？

生：写字不工整。

师：我们就一点一点来看他到底有什么毛病。我们帮他改一改，看看能不能成为一篇优秀的作品。"我叫张嘉新，在吉林省大安市临江一小三年一班上学。"

生：不应该写"上学"应该写"读书"。

师："上学"也可以。我们来看看有没有明显的错误。

生：他下面应该分为第二段。

师："我有一双明亮的眼睛，乌黑光亮的头发。"

生：乌黑光亮的短发。

师：这样改很好，突出了自己的特点。接着来："我的性格开朗急躁"——加一个顿号好些。他有两个性格特点，一个是开朗，有的时候也比较急躁。"爱好足球，优点是乐于助人，缺点马虎。"忘了一个字，"缺点是马虎"。上节课老师讲过了，我们的写作可以由概括到具体。我先说我的缺点是马虎，然后我具体地说我是怎样马虎的。所以应该把优点缺点放在——？

生：第三段。

师：最后我们看举了个什么样的例子。"我是个大嗓门"这儿写得很好，突出了自己的特点。既写了自己大嗓门，又写了别人听到你的嗓门的表现，写得非常细致。最后："这就是我，性格开朗的我。"这写得好不好？

生：不好，他前面写大嗓门，后面写性格开朗。

师：对了，前面和后面的没有联系。我要写我的缺点是马虎，我一定要举个具体事例来证明我是怎样马虎的。后面写"这就是马虎的我，我会改正我的缺点"。

> 引导学生对于没有写出特点的词句进行修改。

> 引导学生发现内容的前后一致性问题，提醒学生注意并进行修改。

> 教师帮助学生理清写作思路，给出修改意见。

【点评】

这节作文点评课，教师将作文修改的概念和修改的内容先传授给学生。然后通过亲自示范和引导学生，交给学生修改作文的具体方法。在字词、标点、段落、内容等方面指导学生进行修改，使学生们逐步养成自改作文的能力。

（二）小组合作，互评互改

教师引导学生根据自愿的原则组成小组，在小组成员之间互相交换作文。互评互改，这样可以培养学生修改作文的能力，也可以培养学生的小组合作能力。

案例六

《说说我自己》作文讲评

师：老师昨天拜读了同学们的文章，你们的文章段落和语句也都非常精彩！你们想欣赏一下自己的作品吗？

生：想！

师：你们自己选择一下，前后六个人一组。推荐出你们组觉得写得最精彩的段落，或者最精彩的语句，一会儿给大家读一读。（分组，讨论）推选好了吗？

生1：我的爱好是画画……我长了一双水灵灵的小眼睛和一只小鼻子，我有一双很有力气的手。

生2：这就是我，我叫李志齐，我在临江一小三年一班上学。我的优点是我很快乐，我的缺点是我爱生气，……

师：同学们忍不住乐起来了，你为什么笑？他写得很真实，对不对？

师：你们觉得他哪里写得好，哪里不好？

生：他写"去死吧"这样不够文明。

师：对，但是他还有写得非常好的地方。他这样写："我玩玩具的时候给玩具起了个名字叫'勇士向前冲'。但是这个勇士总也站不住。所以我很生气。"我觉得这句写得比较好，写出了此时此刻的心情。"于是勇士的腿摔断了，我自言自语地说：'让你站不住'。"这句也写得很好，运用了语言描写手法。"勇士拿着宝剑也很生气。"——勇士能生气吗？

生：不能。

师：为什么不能呢？

生：因为他只是一个玩具。

师：他充满了想象，想象这个勇士活了，好像生气了。别人把你扔了你生不生气？所以说这段写得非常好。"我看了之后说：'你想杀我，不可能'。"把这个"去死吧"改成"不可能"。"于是我拿起勇士扔到空中消失了。"大家想一

充分肯定县城孩子的习作。

按照自愿的原则将学生分组。六人的小组比较合适。学生在通读彼此习作之后，推荐出比较好的文章进行集体修改。

引导学生发现习作中的优缺点。

细致点评习作。总结好的写作手法。

学生开始的时候理解不到位，教师循循善诱，并鼓励学生在习作中进行大胆想象。

想，他因为一时生气把玩具给扔了，玩具没了他后不后悔？	引导学生注意习作中跌宕起伏的心理描写。
生：后悔。	
师：他最后写了他的心情由生气到痛恨，以致扔掉了玩具，最后又追悔莫及。你们说，他写的心情变化的过程好不好？	评价升级。
生：好！	
师：有没有什么地方不够好的？大家来看看这句"我在临江一小三年一班上学。"	正确评价学生，优、缺点一并指出。
生：应该是读书。	
师：这样的毛病就是词语运用不太恰当。你的文章不错，老师给你评了个优上，希望你继续努力。（小组继续推荐精彩段落，略）	在了解修改方法的基础上指导学生进行互改。
师：大家知道怎样改了吗？这样，每人找一个伙伴（可以是同桌）交换手中习作。他改你的，你改他的。老师给你们点时间。（略）	
师：好，同学们拿回自己的文章，再来读一读！有什么新发现吗？认真读读同学给你的建议，是不是有些点石成金的效果呢？对那些使用不恰当的字词和句子，想想如何能改得更好？我相信你们自己改过的文章会更精彩！老师最后送给大家四句话，请同学们大声读一读——	教会学生正确对待其他同学的修改意见。
生：（大声读）仔细推敲，认真修改，开动脑筋，勤于动笔！	四句箴言，朴实有效。

【点评】

在这节作文点评课上，教师将学生分为六人一组的几个小分队。让同学们对组内成员的作文进行整体评价，选出最好的作文大家进行点评修改。在做了修改示范、学生明确了修改方法之后，教师将学生分为更小的单元组，进行互改练习。

（三）反复推敲，自改习作

在学生学会了写作修改的一些方法后，教师要引导学生对习作进行独立修改。学生通过反复朗读的方式推敲字词，改正语病，整体把握文章结构，对文章进行润色等，进而养成自己修改习作的良好习惯。

✏ 案例七

《××，我想对你说》教学实录

师：下面请同学们打开自己的作文，按照本次作文训练要求和训练重点，用刚才评论这两篇作文的方法修改自己的作文。修改可按下面程序进行：第一步，先把自己的作文从头至尾大声朗读一遍。第二步，按训练要求和训练重点从文章的整体上进行修改。第三步，改正文中病句和错别字，疏通句子，补写出必要的词语。第四步，再读一遍自己的作文，看看修改是否合理。

师：下面按照修改的步骤修改自己的作文。

师：下面请几名同学读一读自己修改后的文章。不用读全文，只读修改后文章的片段。先说一说原来文章存在什么问题，再说一说自己是怎样修改的，为什么这样修改。

生1：我写的文章题目是《爸爸、妈妈，我想对你们说》。因为爸爸、妈妈他们俩总因为小事吵起来没完，也说不清怨谁，我就把题目的"你"改成了"你们"了。爸爸、妈妈一开战，我和姐姐就成了可怜虫。作文中"我"的心理活动写得不具体，我是这样修改的："我和姐姐可怜巴巴地坐在那儿一动也不敢动，妈妈一边哭一边摔东西，爸爸就大声吼叫。我真想对你们说：'别吵了!'可是我害怕你们会一齐向我发邪火，像上次那样骂我：'给我滚!'我多么希望能有一个温馨、幸福的家呀! 爸爸、妈妈请你们别吵了。"

生2：我的作文题目是《妈妈，我想对你说》。我妈妈的性格很急，有些事情不等清楚就发火，我想劝劝妈妈。我的作文存在的问题是写妈妈急躁的事没写清楚。我是这样修改的："那一天，咱家炖了四个大猪蹄，您说：'给姥姥送去两个尝一尝。'爸爸冲您一笑没吱声，您就像火山爆发一样骂了起来，一边拍桌子，一边'翻小肠'。事后您知道爸爸早已让姐姐给姥姥送去了猪蹄。妈妈，像这样儿的事太多了，您能不能遇事先想一想，别发火？"

指导学生进行作文自改，提供自我修改的方法和详细步骤。

检验学生自改的成果。让学生说出修改原因，便于对比出修改效果。

加强心理活动描写，感情诚挚。

将事情交代清楚，母亲的暴躁脾气跃然纸上。

师：读修改后作文片断就到这里。下面同桌或者前后桌串换看一看批改后的文章，互相学习学习，并提一提进一步修改意见。	鼓励学生互相交流，互相学习。

【点评】

这节作文点评课上，教师先教给学生自改习作的方法，提出了修改的四个步骤，简洁清晰，便于学生理解和操作。在学生修改完毕后，教师对学生自改的成果通过学生自己朗读的方式予以检验。事实证明，学生在掌握修改方法后比较好地修改了自己的习作。教师还鼓励学生交流修改后的文章，让学生的习作修改能力在互相学习中进一步提高。

三、习作讲评

学生完成习作后，教师要对学生的作品进行讲评。这是习作修改的发展和延续，是一次习作训练的最后一个环节。通过讲评，学生可以进一步了解自己的写作情况，巩固成绩改正缺点。教师在这一环节中除了指出学生习作的不足之处外，还要增强学生的写作信心，巩固写作兴趣，激发写作积极性，从而达到提高学生的写作能力的目的。

（一）综合讲评

教师在阅读全班同学习作的基础上，对学生的习作归纳总结、全面概括。在讲评课上指出习作中存在的主要优缺点和值得注意的共性问题。这种讲评可以反映出本次习作的整体状况，使学生们能够清楚地认识到自己的写作情况，可以兼顾不同程度的学生。

案例八

《动物王国里的为什么》作文讲评实录	
师：这一次老师拿到同学们的作文后，先翻阅了一下同学们的题目。原以为大家可能会集中写几种常见的动物，没想到大家选材非常广，天上飞的、地上跑的、水里游的应有尽有。下面，我们就请一、二组的同学报一下他们的作文题目。 师：这一次我对学生写的动物粗略地统计了一下，我们47位同学写的动物达42种。由这一点可以看出，大家达到	讲评学生习作的整体优点之

了展开想象的要求，想得很广。

师：我读完同学们写的童话作文后，最突出的一点感受就是同学们真会想，不但想得广，而且想得很美。大家热情地赞颂了美好的事物、美好的心灵。比如刘丽同学写的是乐于助人的布谷鸟，孟原写的是心灵美好的孔雀，谢强写的是热爱劳动的梅花鹿等等，这一类故事占了1/3。下面就让我们来听一听丁一宁、杨普方两位同学编的故事。（生读《勤劳的标志——蝴蝶的翅膀为什么这么美丽》）

生：这个故事写得很感人。

生：这个故事不仅写出了蝴蝶美丽的外表，还写出了它美丽的心灵。

生：听了这个故事，我想起了安徒生爷爷写的《丑小鸭》，蝴蝶有着与丑小鸭相似的命运，它有着令人同情的遭遇，但它通过辛勤的劳动终于使自己的翅膀获得了百花的颜色。听这个故事，我们仿佛在听一个美丽的传说。

（生读《战斗的创伤——癞蛤蟆的皮肤为什么这么粗糙》）

生：这篇童话抓住了蛤蟆外表丑陋但它却是益虫的特点，编了蛤蟆战飞蚊的故事。

师：听完这个故事，我想大家一定会由过去对癞蛤蟆丑陋的外表的讨厌变成对这位为正义而战的英雄的敬佩，应该说它是动物界最可爱的一员。

师：这一次，我在读大家的童话时常常被引人入胜的故事情节所吸引。大家设计故事时想得都很巧妙。（生读《自讨苦吃——蝙蝠为什么躲在黑洞里》）

生：这篇童话对蝙蝠的特点、语言、动作的描写很生动。

师：这位同学的这篇童话抓住了蝙蝠既能飞，像飞禽，又属兽类的特点，写出了懒惰的后果，构思很巧妙。

师：这一次同学们写的童话中，有几篇童话我看了特别高兴，我们不妨先来听听同学们编的几个故事。

（略）

师：这些童话有什么特点？从这些童话中我们看到了现实生活的影子。同学们在童话中反映了赌博、嫉妒、欺诈、

——"想得广"，即题材丰富。

讲评学生习作的整体优点之二——"想得美"，即崇尚真善美。

讲评学生习作的整体优点之三——"想得巧"，即构思巧妙。

讲评学生习作的整体优点之四——"想得深"，即寓意深远。

公款吃喝等社会现象。读了这些童话，我为同学们对社会生活中存在的问题的敏感而高兴，更为同学们表达出的正确观点而高兴，因为这说明同学们是有思想的。由这些文章可以看出同学们的想象是有深度的。

【点评】

这节作文讲评课，教师对同学们的习作做了极为细致的阅读和高度概括的分析。对学生习作中的优点做了四条规律性概括。"想得广"是表扬学生的选题多样，各具特色；"想得美"是表扬学生们塑造的童话角色都是美的象征；"想得巧"是表扬学生的构思十分巧妙；"想得深"是表扬学生在创作童话作品时注重了和现实社会的联系，有一定的思想深度。老师的热情鼓励可以提高学生的写作热情，同时这种优点的总结也为学生指引了继续努力的方向。

(二) 典型讲评

教师在阅读全部习作的基础上，选择一两篇比较优秀的作文进行讲评。这样可以起到示范作用，用以指导全班，带动写作水平一般的学生。讲评应对所选取的作文进行深入细致的分析，通过典型示范的作用引导学生明确自己习作中的优劣得失。

案例九

《说说我自己》作文讲评实录

师：刘老师给大家带来了一个小小的礼物，在刘老师班级有两个比较出色的同学写了两篇文章，请咱们同学给指教指教可以吗？好，我们一起来欣赏一下。给大家两分钟时间大家来读一读。（幻灯片展示习作）

师：大家为什么笑呢？

生：因为他周六的时候不想起床，爸爸叫他小懒猪。

师：大家觉得他写得怎么样呢？使你忍不住发笑。

生：非常好玩，非常有趣！

师：对，他写出了自己的一个小缺点，并且把他的缺点写得非常有趣。所以我们特别喜欢读，忍不住就发笑了。那你还觉得哪里写得特别好？

生：第二自然段。

师：为什么好？

将例文称为礼物激发学生兴趣；用"指教"一词唤起学生"小老师"的感觉。

针对学生的读后反应，询问发笑原因，引导学生总结例文生动有趣的优点。

生：因为他写出了自己的特点。

师：什么特点？

生：外貌特点。

师：他抓住了什么特点，写得这么细致？

生：一笑时还会出现一对可爱的小酒窝。

师：抓住了自己最突出的特点，好，我们再来看，你觉得这一段哪个词用得非常好？或者哪个句子也用得非常好？

生："胖胖的，圆圆的，笑眯眯的小眼睛，脸上还会出现一对可爱的小酒窝。"

师：老师说说，你看我们两个谁写得好。我有一张脸，有一对小眼睛，还有一对小酒窝。我也说出了我的长相，说出了我的脸，我的眼睛，我有一对小酒窝。这样说好吗？

生：不好，没用上好的词。

师：对，没用上精彩的词，就使我的文章写得不够生动。还有没有同学评评其他的，你觉得他哪里还写得特别好？他写了自己什么特点，除了外貌特点他还写了哪方面？

生：他说了他爱好书法。

师：你觉得他把他的爱好写得怎么样呢？

生：写得比较具体。

师：他都说了他关于书法的几方面呢？他是怎样练习的？

生：他天天刻苦学习。

师：他说了一句话？

生："无论炎热的夏天还是寒冷的冬天，我都刻苦地学习。"

师：你有没有觉得他写的什么地方不够好？

生：他没有说出他去参加比赛时的心情。

师：对，我们帮他改一改，"每次都是兴高采烈地去参加，每次都会积极地去参加"，是不是更好一些？——特别表扬你！

师：我们来看下一篇文章，你们来当当小老师，说一说这篇文章优点在哪儿？缺点在哪儿？

生：我觉得写得不够好，第三段说读书了，没有说具体读什么书。

师生共同分析的结论是：例文的优点在于抓住了人物的突出特点。

引导学生发掘例文中的好词好句。

教师自己做反面例子，让学生理解用好词好句表达的重要性。

引导学生认识到：写"特点"要写得细致具体。

共同指出例文中的缺点：缺乏心理描写。

师生共同充实例文的内容，

师：对，我们可以帮他补充一下，你来帮他补充一下。在哪里加？在什么地方加？

生：小书迷。

师：我们可以帮他改一下，我读过很多书，有：

生：《成语接龙》、《三国演义》、《红楼梦》、《寓言故事》、《水浒传》。

师：大家修改之后的文章就显得特别具体了。还有没有想补充的？欣赏的地方可以说一下，觉得不够好的地方也可以说一下。

生：他没说他长得是胖还是瘦。

师：这个老师要说一下，他只需要说出他最大的特点就可以了。老师觉得他第二段写得非常好，有和我有同感的吗？

生："我觉得我最大的特点就是脑门特别大，有人说我像个老寿星。"

师：为什么感觉这句话特别好？

生：因为他说出了自己的特点。

师：这个同学真的是脑门特别大，他对自己的观察特别细致，而且写得也比较生动。

生："唉，真没办法！怎么才能让别人了解自己的感受呢？"

师：是，让我们都感觉到了他的那种无可奈何是不是？还有没有人来说，你发现了别人的优点证明你已经是进步了。

生：我很欣赏一个句子。

师：他说很好，"欣赏"呀，就是"喜欢赞同"的意思。

师：欣赏哪句话？为什么欣赏？

生："我有一双乌黑明亮的大眼睛。眉毛又浓又粗。"——这都是好词好句啊！

师：这句你看到没有："活像毛笔抹上了两道墨汁。"写得多生动！

生：是的，他写出了自己的特点。

师：我们为这位同学鼓鼓掌！你说话很有条理而且能抓住重点，用词也很准确。

同时考察学生的课外阅读情况。

引导学生发现例文优点：观察认真，表达生动。

捕捉到位！

表扬学生在用词和表达上出色的地方，培养学生的表达能力。

【点评】

这次习作讲评课上，老师精心挑选了两篇典型例文，与学生共同分析。在分析过程中教师充分发挥引导的作用，让学生自己去发现例文的优点和缺点。通过对例文的具体分析，学生们明确了写好作文要注意的几个问题：写特点要写得具体生动；适当运用心理描写；多用好词好句等。看同龄人的优秀例文，学生们容易接受的同时感触也是比较深的。教师抓住了学生的表情变化进行追问和引导，让同学们在对文章原有感性认识的基础上明白形成这种写作效果的原因，这样的认识要比单纯讲述真实生动得多，学生的印象也会更加深刻。

（三）对比讲评

教师有选择地将两篇或几篇学生习作展示给学生，进行对比分析，让学生在对比中明确得失，提高鉴别能力。教师可以引导学生在立意、选材、构思、语言等方面进行对比分析，加深学生对写作方法的认识。

案例十

《说说心里话》作文讲评实录

师：首先，老师要给同学们两篇作文，这两篇作文都在写同一题材。我在作文中才发现，原来我们班有许多孩子的妈妈、爸爸不在身边，他们有可能出国了，你们很想念他们，这两篇作文就是表达了这样的内容。首先，我们来看第一篇。我找个同学给大家读一读。同学们注意，我们就看看他有没有达到我们的三点要求，然后注意他（她）有什么样的优点，听懂了吗？

生：听懂了。

师：我有一个想法，我来看看这个作文是哪位同学写的，王雪美。王雪美同学，我想请你给大家读一读好吗？把你的心里话读给大家，像对妈妈诉说一样，行吗？我想，最能表达自己感情的，就是自己读出来。

生：**小鱼儿离不开水**

妈妈，我想说对您说，鱼儿离不开水，我也离不开您。小时候开始，妈妈您就有了去外国留学的想法，可惜那时候我太小，您舍不得离开我，但我知道您一定会走的。

如今您已经去了五年了，那时您说您就去五年，那您应该回来了吧？我相信您作为母亲，是不会不讲信用的。您也

给出同一题材的两篇习作进行对比分析。带有目的性的朗读，让学生们找出习作的优点。

让学生自己朗读自己的习作，这样能更具感染力，同时也是对写出优秀习作学生的一种鼓励。

是这样想的，是吗？记得有一次，妈妈刚走一个月，我就像花儿看不到太阳一般，失去了往日的光彩，病倒了。那时爸爸晚上不在家，我只好去找邻居帮忙。当时要是有妈妈的照料，我就不会不理解母爱了。还有一次，学校叫我们把妈妈叫来开一次家长会，题目叫作"母爱"。当时，我的眼泪刷地一下就落了下来。老师问我怎么了，我哭着说："妈妈出国了。""那你让爸爸来吧"，老师说。那天同学们都管我叫孤儿，我伤心极了。

妈妈您知道没有母爱的感受吗？您知道自己母亲不讲信用的感受吗？您知道被别人叫成孤儿的感受吗？您不知道，但是我知道！妈妈您快回来吧，我想您！

师：好，这是王雪美同学的一篇作文，现在请你来说一说这篇作文，你给她什么样的分数，然后说一下原因。如果我们给"优上"、"优中"、"优下"，你想给评什么？

生：我听了很感动，我觉得可以评"优上"。

师：哪些地方让你觉得很感动？

生：最后一段："妈妈您知道没有母爱的感受吗？您知道自己母亲不讲信用的感受吗？您知道被别人叫成孤儿的感受吗？您不知道，但是我知道。妈妈您快回来吧，我想您！"

师：为什么呢？它这里体现出了什么？

生：嗯，王雪美很想妈妈。

师：很想妈妈，我把你的评语写上。想妈妈，感情怎么样？真挚！好，在文章结尾表达自己饱满的感情，和最开始你想说的"妈妈回来吧"，正好相呼应，同时在结尾进一步表达了这种强烈的感受，对不对？

生：对！

师：那么，这种感情就是真挚的、可信的。还有哪些句子是值得我们学习，或者值得我们肯定的？请你来说一说。

生：文字流畅，语句通顺。

师：好，可以说整篇文章都是语句通顺的，那你能不能告诉我哪些语句写得好？

生："记得有一次，妈妈刚走一个月，我就像花儿看不到太阳一般，失去了往日的光彩，病倒了。"

师：那你告诉我这里她运用了什么修辞手法？

引导学生对例文做整体评分并说出依据。

写上同学的评语，增强学生的评改信心。

总结出作文最大的优点：感情真挚。

引导学生进一步分析例文的优点：语句运用的出彩之处在于巧妙地运用了比喻的修辞方法。

生："像花儿一样……"嗯，是比喻。

师：对，比喻用得好，用比喻把自己比作什么？

生：花儿。

师：把妈妈比作了什么？

生：太阳。

师：花儿离不开太阳，我离不开妈妈。说明了妈妈对我的……什么？

生：重要。

师：好，他又找到了一处，比喻运用得好，这种修辞手法的应用使文章变得更加生动了。还有哪些优点？

生：文章把心里话全说出来了，全是真心话。

师：那么内容是不是真实的？（生点头肯定）

师：就是在她身上，你们知道有没有这件事情吗？（生表示知道）

师：同学们，我们昨天说了，感人心者莫过于情啊！当一个孩子，她的爸爸妈妈都不在身边的时候，她能这样说心里话，我想，作为妈妈，即使远在天边也会心有感触的。好，这篇作文让人为之动容的原因，我想，有这样几点：第一，内容真实；第二，情感真挚；第三，语言中肯、生动，是从内心发出来的。你们给这篇作文评定的成绩是——？

生：优上。

师：这个"优上"是她用自己的真心在说话，用自己的真情在表达，同时联系了生活中的实际问题。她写出的心里话，是值得我们借鉴的。这个同学的作文，还有一个优点，大家发现了吗？大家先看开头，然后看题目。文章题目也用了比喻，文题很新颖，这是她的一大创新，加上创新分，我们再给她加十分，好吗？（生心悦诚服）

师：这篇作文写得非常成功。那么，现在老师要和同学们说的就是，在我们写作中，除了内容要真实，情感要真挚，语言要中肯、生动之外，老师还想给大家一点建议，就是在写作文时，要有正式的格式，明白吗？

师：格式，首先从文题来说，应该上空一行下空一行，把文题写在中间，或者是空四格以后写文题，明白吗？

师：好了，这就是格式问题。在我们同学当中，很多同

总结：强调这篇文章写作成功的三个重要因素：内容真实；感情真挚；语言中肯、生动。

引导学生学习例文中的成功之处。

表扬学生在题目上运用比喻的创新之处。

总结学生在作文中出现的格式错误，提醒学生注意。

学都出现了顶格写，或者空五个格写，这种情况以后我们都要杜绝，因为在今后，在我们小学毕业考试或者中学毕业考试中，都有统一的格式要求，这一点，我们在文体上一定要记住，听懂了吗？

生：听懂了。

师：好了，同学们，我们再来对比一篇同学的作文，也很让人感动，同样是想念妈妈的。这回不找作者本人来读了，请这位同学来吧。

生：　　　　　**鸟儿爱蓝天**

我想对亲爱的父母说，妈妈，你已经出门了五年，我建议您快点回来，别人家都是爸爸、妈妈、爷爷、奶奶来接，我很羡慕他们，所以请您快点回来吧。

爸爸，我一直没在电话里说，所以我用文字来给您写。爸爸，我不希望您抽烟喝酒。我昨天听老师说，有人在做假酒，所以您不要抽烟喝酒，我看您不是烟酒大学毕业的吧。

师：好，这是我们另外一个同学的作文，跟刚才同学的作文对比一下，我们来给他把把脉、评价一下。先说一说它的优点，然后再谈谈不足。

生：这篇作文是建议他父母。

师：嗯，是给父母提出建议，对不对？

生：对。建议母亲快点回来，建议父亲少抽烟喝酒。

师：你觉得他这篇作文怎么样？

生：很好。

师：跟上篇作文比起来呢？

生：嗯，上篇文章更好一些。

师：就是说，这篇文章和上篇文章比，还是有一定问题和差距的。那你说好在哪儿吧。

生：好在建议自己的父母的时候感情是真挚的。

师：还有呢？看看题目……

生：题目是比喻句。

师：好。把谁比作了鸟儿？

生：把自己比作了鸟儿，把父母比作了蓝天。

师：你觉得这样比喻恰当吗？鸟儿爱蓝天应该用在什么样的文章上？

换一种朗读方式，让别的同学朗读。由于第二篇不是特别出色，这样做也保护了学生的自尊心。

教师引导学生将两篇例文做出对比分析。

首先达成共识：整体评价认为第一篇要优于第二篇。

师生共同分析，得出第二篇的文题不太恰当，点明并加以修改。

生：应该用在我们爱自由上。

师：那你觉得这个题目比喻得好吗？

生：嗯，不太好。但是它的题目很新颖。

师：题目新颖，但是不是也应该把恰当放在首位呢？（生认同）

指出第二篇例文内容方面的缺点在于事件不够具体。

师：好了，同学们，他找到了一个地方，就是文题不太恰当，那么我们应该用什么题目换一换？谁来说说。来，你说。

生："请听我说"。

师：好，那我们把文题换一下，换成"请听我说"。虽然字数少了，平实了，但是它更恰当了。刚才我们说它的感情是真挚的，我们再来看一下内容。内容也很真实没有问题，跟刚才那位同学的比起来，它有什么不同？

提供充实事件的方法，补充事件、起因、经过、结果、时间、地点、人物。

生：我就写了妈妈，他写了爸爸两个人。

师：字数上，两篇作文的作文差不多。但是这篇写了妈妈爸爸两个人。内容上具不具体？

生：不具体。

师：如果填充事情的话，应该填在哪？他在这里面有没有提到事情？

创设情境，使同学们感同身受，体味到亲人不在身边的痛苦、无助。

生："别人家都是爸爸、妈妈、爷爷、奶奶来接。"

师：对，他提到了事情，但是只说了一句话。我们来帮他补充。事情应该怎样写才能更具体？起因有没有？经过有没有？结果有没有？

生：没有。

师：时间是什么？在哪里来接，都谁来接了，你的心里产生了什么样的想法呢？我想问问同学们：别人家都是爸爸、妈妈、爷爷、奶奶来接，到哪儿接？

生：学校。

师：那我呢，有没有人来接。（生纷纷摇头）

师：好，我们把它放在一个时间里。别人都是爸爸、妈妈、爷爷、奶奶来接，而"我"却从来没有人来接。我们把这个同学放在了一个特定的环境里，天气晴朗的时候没有问题，但是遇到阴雨天或者大雪天这位同学的感觉会怎么样呢？

引导学生适当加入语言描写。

生：更加痛苦。	引导学生结合具体情景加入心理描写。
师：我们把这事情放在一个阴雨天里，他一定会有这样的经历。"到了那天，又下雨了。"大家想象一下当时的环境。	
生：倾盆大雨。	
师："那天又下起了倾盆大雨。"我带没带雨具？	
生：没有。	引导学生适当运用比喻的修辞方法。
师：这是场意外的大雨，别人的家长都是怎么接的呢？	
生：奶奶拿来了雨衣和雨伞。	
师：把雨衣穿在同学的身上，然后搂着他走了。这是我所看见的。奶奶在给这个孩子穿雨衣的时候会说些什么？	
生："快点走吧，别淋到雨，要不就耽误上学了。"	
师：这个时候，天又下起了倾盆大雨，我望着窗外很多同学的爸爸妈妈爷爷奶奶都来接他们。一个奶奶把雨衣穿在孩子身上，并搂着这个孩子说："快点走吧，别淋到雨，要不就耽误上学了。"我看在眼里，心里有什么样的感受呢？	
生：爸爸为什么不来接我，你为什么不在我身边？	
师：还有吗？	
生：心里很孤单。	
师：你觉得自己像什么？	
生：像一棵孤独的树在风里雨里。	
师：同学们，我们就这样把这件事情写具体了。	

【点评】

在这次习作讲评课上，教师选取了两篇题材相近但质量有高下之分的两篇习作。通过朗读，学生对习作有了整体的感知，并做出了第一篇优于第二篇的评价。师生共同研究探讨得失，明确了第二篇的缺点在于典型事件不够具体。在达成共识的基础上，师生共同对第二篇文章进行了修改。学生们在此过程中知道了习作好在什么地方，为什么好，而缺点在什么地方，怎么修改。这样的同题对比讲评加深了学生对于写作评价的感受和对习作修改的认识。整个教学过程中教师充分总结了较好的第一篇习作的优点，比如感情真挚和创造精神，同时对于差一点的第二篇学生的习作，教师在指出缺点的同时也鼓励学生发现其优秀的值得学习的地方，注意保护了学生的自尊心。

写作教学是小学语文教学极为重要也相对困难的一个环节。学生的写作能力

体现着学生多方面的语文素养，因此教师在课堂教学过程中应该掌握一定的教学方法，要把握好写作前的指导和写作之后的讲评修改三个重要环节，全方面培养学生的写作能力。

第四节　口语交际教学

2000年3月颁布的《九年义务教育全日制小学语文教学大纲（试用修订版）》在"总要求"中提出了口语交际的概念，取代了原来的"听话说话"。语文课程标准正式将"听话"和"说话"整合为"口语交际"，使口语交际成为与识字写字、阅读、写作和综合性学习并重的语文教学内容。长春版小学语文教材在编写时，将口语交际个性化地改称为"表达"。

口语交际教学在不同的学段有不同的教学目标，那么在教学中教师用力点也就不同，下面，依据低、中、高三个阶段来谈谈教师在教学过程中应抓好的几个方面。

一、 低年级口语交际教学

1. 据学生的学习特点创设情境

低年级学生的思维发展特点是以形象思维为主，因此，利用图画、动画等直观的形式来创设情境会收到良好的效果。游戏也是一个很好的方式，在学生喜欢的游戏中开展口语交际教学，既能增加学习的趣味，又能使学生注意力集中，积极思考。

2. 加强示范，做好引导

模仿是一种重要的学习方式，示范的角色可以是老师，也可以是学生自己，在教学中，教师要做好交际前的启发、交际中的调控、交际后的反馈。

3. 重视交际习惯的培养

低年级学生要在开始的学习中养成良好的交际习惯，包括说普通话的习惯、倾听他人的习惯、礼貌待人的习惯等。下面通过两个案例来具体阐释低年级的口语交际教学。

✐ 案例一

《猜猜看》教案 （长春版　一年级下册） 【教学重难点】培养学生的语言表达能力，观察能力。 【三维目标】 　　知识与能力：学生学会观察，能用恰当的语言描述自己的观察结果。

过程与方法：在互相描述与竞猜中学生能开动脑筋，积极思考。

情感态度与价值观：学生要学会尊重别人，学会倾听。

【课时安排】一课时

【教学过程】

同学们，今天我向大家介绍一位老朋友，她就生活在我们中间，谁平时观察得仔细，谁就能最先猜出来。

一、师描述人物特征，同学猜。

例：个子不高，身体较瘦，梳着个马尾辫，脸白白净净，平时爱穿浅黄色衣服，写着一手漂亮的字……谁猜出来了？说说你的依据。

二、同桌间相互描述共同认识的人，看谁猜得准。

1. 首先要把你平时观察最仔细，你最了解的同学先描述。

2. 一定要抓住特征或特点，如，她的样子、爱好、特点、习惯……说清楚。

3. 不能说出她坐在哪儿，姓什么。

4. 语言要简练，吐字要清晰，猜的同学要认真听。

三、各组选一名同学在同学面前描述，大家猜。

注意：不许接话，抢话，学会倾听。

四、总结

对于每组同学的描述情况予以总结，指出他们"表达"上的优缺点，尤其要注意指出共性问题，而且要引导学生认同平日里进行认真观察的重要性。

五、作业

1. 向爸爸、妈妈描述亲属的样子、特点，请他们猜。

2. 把课堂上描述同学的句子写在日记上。

用"介绍老朋友"的方式引入，学生在"猜谜游戏"中积极思考。

老师的这个描述具有示范作用。

同桌互相练习，简单易行。

老师的要求具有引导规范的作用。这里还要对描述的具体手法加以介绍。

"注意"是规范学生"表达"习惯的表现，低年级学生尤应注意。

"作业1"将课堂拓展到生活中去。"作业2"既考查学生上课是否认真倾听，同时锻炼他们总结归纳的能力。

【点评】

这是一年级"表达"（长春版）的一个教学设计。优点是选取的教学内容贴近学生的生活，利于学生总结归纳进而付诸语言表达；教师在引导示范方面做得很到位，同时也十分注意规范学生的"表达"习惯；教师注意将语言付诸文字，培养学生的识字写字等方面的能力。不足是这个教案本来没有教学重难点和三维

目标，这些都是编者根据教案内容后加进去的；教师如果能够利用多媒体资源来展示一些图片或者影音资料然后让同学去"猜"就能够使课堂更加机动灵活，也符合低年级学生的思维特点；猜的内容也可以不局限于真人，可以是动画片里的人物，如"机器猫"等，这样更能调动学生的思维和学习的积极性。

✎ **案例二**

口语交际课《借粉笔》片段 （人教版 二年级下册） 师：小朋友，这节课我想请大家看老师画图画。（老师在粉笔盒里找彩色粉笔，可是没有） 师：咦，彩色粉笔没了，没有彩色粉笔，画出来的图就不好看喽。 生：老师，我去您办公室拿。 师：哎呀，真不巧，办公室里的彩色粉笔刚才被林老师拿走了。她在隔壁班上课呢，不知道哪位小朋友能帮帮我？ （学生边举手边抢着说："我去，我去。"） 师：你们打算怎样向林老师借呢？请大家先自己准备一下，谁说得好我就请谁去借。	教师将生活引入课堂，自然地创设情境，引起学生兴趣，学生渐入情境。 学生进入教师设计的情境，而教师自然地开展口语交际训练，同时抓住了学生的竞争心理。

【点评】

这个片段采用了亲历生活交际法，它是创设情境进入口语交际教学的主要方法，它根据需要，让学生亲历生活，学得交际本领。生活实际与其说是教师创设的不如说是师生共同发掘的，教师将生活实际引入教学中。让学生在不自觉中锻炼自己的口语交际能力和思维能力。

二、 中年级口语交际教学

1. 选择贴近生活的内容进行教学，构建良好的交际氛围

口语交际教学要立足于生活化的交际内容，真实的交际任务能引发学生的交际欲望。

2. 呈现多样化情境，锻炼学生在多种情境下灵活交际的能力

口语交际的范围与生活的范围一致，而人的能力也会因情境等的不同而表现出巨大的灵活性和差异性，因而应当注意培养并提高学生在不同情境下的口语交际能力。同时，要求学生既能认真倾听，领会要点，又能说出自己的感受和想法，并打动他人。

3. 教师要重视体态教学，促进学生口语交际能力的全面提高 。

案例三

《接待客人》教学设计片段 （人教版 四年级上册） **一、创设情境，激发兴趣** 师：同学们，如果把你们的座位当作你们的家的话，欢迎我到你们小小的"家"拜访吗？假如我到你们家拜访，你们该怎样欢迎我呢？你们是不是先商量商量，然后找个合作伙伴练一练。（学生4人一组商量练习） **二、分段点拨、学习待客** 1. 迎客 师：练习好了吗？现在王老师可要敲你们的门了，请你准备好。（师分别"敲门"） 生：（开门，拍手欢迎）王老师请进！ 生：王老师，您怎么来了，快请进！ 生：王老师，是什么风把您吹来了？快请进！ （师举手欲敲门） 生：王老师，门开着呢，请您快进来。 师：刚才，王老师敲了四位小朋友家的门，你们说说看，王老师应该进哪家的门，你最喜欢哪位小朋友欢迎我的方式？为什么？ 师：老师想去××同学的家，她能用热情的语言、丰富的表情和体态同时配合起来表达对我的欢迎，我感到很高兴。 2. 待客 师：客人来到你家，你该怎样接待客人呢？仅仅停留在口头上是不行的，要拿出行动来哦。 3. 送客 师：老师看到你们能热情、大方、周到、又礼貌地接待客人，真为你们高兴。现在时间不早了，客人已经起身告辞了，你们要怎么样送他呢？（师总结怎样送客）	教师创设贴近生活的情境。 学生讲述出四种迎客方式。 教师的评价具有导向性，希望学生在接下来的表达中注意说话时的表情和体态语。

三、联系生活，拓展延伸 师：在下列情况下，我们该怎样接待客人呢，先议一议，再演一演。 1. 敲门的客人不是自己的同学或朋友，而是一位陌生人，而家里又只有你一个人。 2. 客人不是自己的同学或朋友，而是来找爸爸、妈妈的成年人。 3. 客人来时，还带来了一位年龄与你差不多的孩子。 …… **四、课堂总结，引入生活** 师：我们以后在生活中待客要热情大方，礼貌周到，做客也是如此。	三 教师为学生创设多种生活中可能出现的情境，锻炼学生的交际能力。 适时总结做客、待客的要领。

【点评】

这个片段是小学四年级的一节口语交际课，这节课有以下几个优点：首先，教师营造了一个交际环境，在一个个小小的"家"中，师与生既是"客"与"主"，又是"评价者"与"表演者"，他们和谐地交流情感，进行对话，演绎生活，生活气息很浓；其次，分层点拨的方法很利于学生理解掌握，各个层次环环相扣，展现出待客的全过程，而拓展延伸则进一步使课堂的内容呈现在具体情境中，具体而生活化，具有很强的指导性和实践性，有利于学生提高自我保护意识和生活实践能力；三是教师注重对学生在交际过程中非言语方面的交际能力的引导和训练，让学生的口语交际能力得到全面提高；四是这节口语交际课既有师生之间的平等对话，又有亲密合作。

三、 高年级口语交际教学

1. 拓展学生的交际空间

高年级学生的思维能力有所发展，在口语交际教学中，教师应选择与生活密切相关的情境和话题，鼓励学生大胆发表自己的观点和见解。

2. 增强学生交际的效果意识

老师要培养学生明确自己的交际目的、对象，并以最快的方式达到自己的目的的能力。

案例四

《过生日请同学吃饭好不好？》教学实录

（人教版　五年级上册）

师：同学们，你们喜欢唱歌吗？举手看看！（学生举手）嗬！小歌迷还不少呢？今天老师给大家带来一首歌（播放歌曲）听听看，你能猜出它的歌名是什么吗？

生：《祝你生日快乐》！

师：对了！听着这熟悉的旋律，不知你想到了什么？谁来和大家聊一聊？（学生回忆自己过生日的情景）

生：去年我过生日，妈妈给我买了一个大个儿的蛋糕，爸爸还给我炒了许多我爱吃的菜呢！

生：前年的生日是我最难忘的了，那次我的表弟、表姐都来了，而且还给我带了精制的生日贺卡呢！（其他回答略）

师：看得出好多同学的生日中都少不了生日蛋糕、美味佳肴和美好的祝福。今天就给你们一个机会，好好地梦想一回你"你未来的生日设想"怎么样？（学生交流"未来生日设想"）

生：总是在家里过生日，真是没多大意思，我想和同学们一起到野外过一个"绿色的生日"，蓝蓝的天，绿绿的地，清清的河水……

师：这样的生日真是太让人向往了！

生：我有一个大胆的想法：我想像聂海胜叔叔一样，坐着飞船在太空过一个"太空生日"！（大家为这个奇妙的想法热烈鼓掌）

师：祝愿你的"太空生日"早日成为现实！到时别忘了邀请我们啊！

师：大家的生日计划可真不错呀！有一个同学小明也有了自己的生日计划，大家想不想知道？（生兴奋期待）（出示话题：小明的生日快到了，爸爸、妈妈问小明打算怎样过生日？小明想了想说，想请几个同学吃顿饭。）

（针对话题，小组展开讨论，然后交流。根据同学们的不同意见，分为正反两方，赞同小明计划的一方为正，反对

猜歌名来导入，启发调动了学生的思维。

让学生回忆生日情景，贴近他们生活的实际利于他们组织整理语言。

教师先激活学生的思维，让他们梦想自己未来的生日，尽情放飞他们的想象，然后再进入预设的主题。

教师进行激励性评价。

教师及时总结然后利用小明的"未来生日设想"导入辩论赛。

的一方为反方。各方选出主辩人各方再次交流，准备进行辩论。）

辩论开始。（教师提醒：辩论时态度要大方、语言流畅、注意倾听别人的话）

正方主辩人：我方赞同小明的生日计划，生日是一个人出生的纪念日，当然需要好好庆祝一番了。

反方主辩人：我方不赞同小明的生日计划，因为请同学吃饭浪费钱，要知道节俭才是中华民族的传统美德。

正方：请同学吃饭，我们完全可以做到节俭。可以从自己家的菜园里带一些蔬菜来，既经济实惠又新鲜美味，岂不一举多得！

反方：我方认为这样不妥，并非所有的同学家里都有现成的蔬菜。如果有的同学家里没有蔬菜的话，那不还得去跟父母要钱去买？

反方：另外，祝贺生日的同学出于礼貌，一定不能空手而去吧？总得买一些生日礼物以示祝贺，这难道不是助长了"吃喝请送"的歪风邪气吗？（言辞过于激烈，教师提醒注意辩论的态度）

正方：如果是这样的话，为了解决钱的问题，我们可以用平时节省下来的零用钱去买嘛！生日礼品我们也可以自己动手制作，不但可以省钱，而且这样的礼物更有意义的！（反方同学一时语塞）

师：反方同学别着急，好好想一想，重新整理思路。

反方：请同学吃饭总得让父母炒个菜吧！要知道"儿女的生日，母亲的难日"，我们做儿女的应该体谅父母的辛苦，过生日时不能让父母太操劳了……（师生一片喝彩）

师：你真是一个懂事的孩子啊！我们应该好好体谅一下父母！

反方：请同学吃饭，还得让父母忙这忙那，多过意不去，你们于心何忍呢？（正方一时语塞）

正反：我们还可以自己动手做一桌丰盛的饭菜嘛！既有意义又可以省得让父母操劳，你们说是不是？而且我觉得借过生日这个机会，还可以增进同学之间的友谊呢！

反方：自己做饭可不容易，出点危险怎么办？做菜时又

教师对于辩论时的注意事项事先加以提醒，利于学生自觉地规范自己的语言行为。

辩论朝教师希望的方向发展着，"无为而治"。

教师的提醒具有导向性。

辩论出现冷场，教师及时引导。

教师进行激励性评价。

学生通过辩论对这个子话题考虑得已经比较深入而全面了。

动刀切菜，又是点燃液化气的，有多少同学在家里干过这些事情呀？

正方：我们可以慢慢学嘛！这正是对我们生活自理能力的一个锻炼！

反方：另外，增进友谊有很多方法，靠吃吃喝喝拉近关系不太可取吧！

师：刚才大家辩论很精彩，都能抓理力争。不少同学的想法还很有创意。比如：过生日时，我们要多体谅父母，不能让父母过于操劳；过生日我们可以自己动手做饭菜，自己动手给同学制作生日礼物等等，是多么精彩的创意呀！很不错！其实我们的父母的确如此，不论何时何地，他们都在为我们默默地操劳，默默地奉献着，而我们却总是向父母要求得多，回报得少。我倒是觉得过生日时，如果别太浪费的话，还是可以庆祝一下的。如果过生日时能多体谅一下父母，那这个生日一定就会更有意义了，你们说呢？（课堂气氛变得很安静了）

> 教师的总结性评价，将思考的方向从该不该请同学吃饭引到父母的辛劳和对孩子的爱上，为子话题的转换进行铺垫。

师：咱们同学中有多少人记得自己的生日，过过生日？（呼呼举手）有多少同学记得自己父母的生日，给父母过过生日？（寥寥数人）

> 教师用提问引出新的子话题。

师：全班同学大都记得自己的生日，却只有几个同学记得父母的生日。……这个比例真是叫人意外啊！其实不只是你们，我也有这么一段经历，不知大家想不想听？（生好奇地等待下文）

师：我在家里是老大，也像你们一样享受着父母的疼爱。记得每年我过生日时，父母总要炒上几道我最爱吃的菜，给我好好地庆祝一番。可是，我从来没有看到自己的父母过过生日。后来，我才知道父母不是没有生日，而只是不愿过自己的生日罢了。于是，我就计划着给妈妈过一个像样的生日。可是，到了那个日子，我还是忘记了。……后来回忆，那天妈妈只是简单地给自己做了一顿面条……一想起这件事，至今我还很惭愧……（教室里鸦雀无声）

> 教师自己的经历更能打动学生。辩论是"理"，经历则是"情"。

师：同学们，你们有类似的感受吗？借今天这个机会，可以把你埋藏在心底最想对父母说的话表达出来。

> 借用共鸣效应，水到渠成。

生1：我的爸爸妈妈都是农民，虽然每天干活很辛苦，

我却从来没看到他们过过生日……	
生2：我的父母也是非常疼爱我。有一次，妈妈在麦场里扬麦子，麦子落到了她的头上，我不经意间发现妈妈已经长出了好几根白头发，当时我的心里好难受……没想到妈妈老得这么快……	
生3：我的父母也从来没过过生日，我准备给他们好好过一次……	
师：你们都是懂事的好孩子，你们的父母也不白疼你们一回。刚才有同学提到想给父母过生日，那好！假如父母的生日真的到了，你打算怎样向父母表达你的孝心呢？（学生构思生日计划。）	动之以情。情之深处，表达欲望最强烈，情感最真挚。
生1：我想在父母过生日时，给父母做一顿他们最爱吃的红烧肉，平时他们舍不得吃的。	
生2：我想在妈妈过生日时，唱一首《妈妈的吻》送给她。"在那遥远的小山村……"	
生3：我想在父母过生日时写一首小诗……	
师：同学们说得好，唱得也好！此时，我的兴致也来了，我也想唱一首《母亲》，以此献给天下所有的父母，祝愿他们永远健康快乐……（师生同唱歌曲《母亲》）	师生共唱、情感得以自然宣泄，课堂气氛空前活跃。
师：同学的想法可能还有好多好多，不过我希望大家在生活中，能学会去关爱身边的每一个人……下课后，同学们还可以把你的计划悄悄地告诉老师。别忘了，到时候把计划的实施情况一定也要告诉我哟！我可等着你的好消息呢！	将想法落实到现实，使孩子学会关爱身边的亲人。

【点评】

　　这是一节农村小学高年级的口语交际课，话题贴近学生的生活。很多同学能够对"过生日请同学吃饭好不好"这一话题发表自己的观点和见解，达到了训练的目的和要求。设计时，教师从学生体验导入话题，适时展开辩论，创设了一种平等和谐的课堂氛围。教师的设计理念尊重学生的个性化体验与独特感受，调动起每个学生的积极性，有效地对学生进行思维训练及口语训练。教师在课堂进行中，利用引导性、评价性和总结性语言组织课堂教学。最后，教师以自身的经历，使"关爱"父母和身边人这一主题得以扩展和延伸，这对学生的情感态度与价值观的培养具有积极的影响。

　　语文教学应该注意培养学生的语文素养。口语交际能力是学生语文素养的重

要方面之一，也是一个社会人必须具备的语文能力。口语交际能力不仅表现为一个人有较强的听话、说话能力，还表现在他有着较强的交际沟通能力以及待人处事的能力，这些能力的培养将有助于学生健康人格的形成。

第五节　语文综合性学习

注重课程的综合是 20 世纪晚期以来，世界各国课程改革的共同点之一。我国《全日制义务教育课程标准（实验稿）》正式把语文综合性学习作为语文学习的重要内容和方式提出来，顺应了课程改革与发展的历史潮流，具有深远的意义。那么，究竟什么是语文综合性学习？如何实施语文综合性学习？在操作中，如何对学生进行指导？这些都是当前一些小学语文教师感到较为棘手的问题。下面将围绕上述几个问题进行具体阐述。

一、语文综合性学习的内涵

语文综合性学习的"综合性"主要体现在四个方面：首先是学习内容上的综合。内容可以涉及自然、社会、科学、文化等方方面面；其次是学习目标的综合。不仅包括识字与写字、阅读、写作和口语交际等目标的综合，而且还包括"知识和能力"、"过程和方法"、"情感态度和价值观"等维度上的综合；第三是体现了不同学科内容的综合。根据学习需要可以对多个学科领域内容进行整合；第四是学习方式的综合。综合性学习综合着多种学习方式，例如书本学习和实践活动的结合、接受性学习和探究性学习的结合、课内学习与课外学习的结合等。

值得注意的是：语文综合性学习的落脚点是"致力于学生语文素养的形成和发展"，学习主题的选取与确定应当立足于语文学科，侧重于语文知识的综合运用、听说读写能力的整体发展和语文素养的全面提高。

二、语文综合性学习的分类及实施

语文综合性学习属于学科类的综合性课程，它以语文学科为基础，向外延伸、辐射，实现与其他学科的渗透与整合。语文教学活动首先是以语文教材为主要依托的，同时由于语文具有强大的包容性，使得教学活动又不单单局限在教材内容之内。基于以上的认识，我们把语文综合性学习分为："基于教材的语文综合性学习"和"超越教材的语文综合性学习"两大类。

（一）基于教材的语文综合性学习

新课程改革后，语文综合性学习作为一个重要板块被正式列入教材中，对于语文教材的综合性学习，可以采用以下两种操作方法：一是教材板块组合法。即根据教材中的综合性学习提示组织开展语文综合性学习；二是教材生发法。即以

教材中的某一内容为生发点，根据学校、学生的实际情况开展语文综合性学习。由于综合性学习是一门综合性活动课程，有很强的实践性，因此为了保证学习的有效性，避免活动中的无序性，在实施前及实施过程中，教师和学生应该有详细的计划和活动方案。下面结合具体的案例来阐释每一种方法的设计思路及操作流程：

案例一　教材板块组合法

《成长的故事》综合性学习案例

（人教版　四年级上册）

【活动目标】

1. 通过阅读、访问、写信等综合性活动，了解伟人、名人的故事，增强传统教育。

2. 通过讲故事、写文章、编短剧、办手抄报等活动形式，增强信息资料处理能力。

【活动方法】　阅读交流、访问调查、表演展示。

【活动安排】

第一周：教师对综合性活动的开展进行指导。

第二周：学生分组开始开展综合性实践活动。

第三周：学生进行资料处理，准备展示。

第四周：开展综合性实践活动的展示。

【活动过程】

一、活动指导（第一周）

（一）引导学生阅读教材中的指导性文字，明确本次综合性实践活动的内容。

1. 自读：划一划重点词。

2. 交流：说一说自读情况。

3. 点拨：

（1）活动内容：伟人、名人的成长故事，或者小伙伴、亲人的成长故事。

（2）活动方法：阅读有关书籍、访问相关人物、或是写信给相关人物……

（3）展示形式：讲故事、写文章、编短剧、办手抄报、制作 PPT……

目标明确，有的放矢，体现了课程标准对综合性学习的要求；学习形式多样，激发学生合作探究的兴趣。

活动时间的安排符合学生的认知规律，活动流程完备而有序，为活动的有效开展做好准备。

活动指导使学生明确活动内容、意义，详细的计划、良好的分工与合作，确保了学习的顺利进行。

（二）组织学生分组、制定计划：

1. 组织学生分组：将全班学生分成七组，选出活动小组长。

2. 指导制定计划：提醒学生安排好活动时间、活动地点、活动内容。

二、学生活动（第二、三周）

1. 按计划学生分组开展活动，收集资料。

2. 学生将活动资料进行搜集整理，准备展示。

三、活动展示（第四周）

1. 展示课：

（1）讲故事活动：请准备故事的学生讲讲名人、亲人、小朋友的成长小故事。

（2）演短剧活动：请准备课本剧的学生演一演名人、亲人、朋友的成长小故事。

（3）小报展示：开展一次小报展示活动。

2. 展览会：

（1）小报展：将学生制作的小报进行张贴，供大家阅览欣赏。

（2）文章展：将学生写的自我成长文章，进行张贴，供大家阅读鉴赏。

（3）电子展：将学生做好的电子小报或 PPT 演示稿，输入电视电脑终端，供学生点击阅览。

四、评比活动（第四周）

通过展示活动，采用同伴互评的形式，评选出活动积极分子、优秀展示作品，颁发小贺信。

> 活动展示方式丰富多彩，既充分体现了活动的语文色彩，又培养了学生的多方面素养，很好地实现了语文综合性学习目标。

> 评价是重要的一环，既是总结又是鞭策，该活动的评价方式民主、公平。

【点评】

这是一次基于教材的综合性学习，整个活动流程合理有序。活动前教师设置了详尽的多维目标，选取了丰富多彩的活动方式，充分体现了学习的语文性。同时，周密的学习计划为学习有条不紊的进行做好了准备。活动过程中对学生进行学前指导和学习分组，分工与合作相辅相成，提高了学习效率和参与度。活动成果展示注重对学生语文素养的提高，例如口语表达与写作能力在展示中占有相当的比重；同时又使学生的综合素质得到培养，例如对信息素养的培养在活动中也得到了明显的倾斜。

🖋 案例二   教材生发法

《聪明鸟，大家谈》综合性学习案例

（人教版 三年级）

一、活动主题的确定：

人教版三年级下册第一课为《燕子》，教师发现，通过这一课的学习，很多学生都很喜欢燕子，渴望了解关于鸟类的更多知识，于是设计出了围绕鸟的智慧而展开的综合性学习。

> 由教材内容生发出活动主题，主题内容紧紧围绕学生兴趣确定，灵活而智慧。

二、活动准备：

教师让学生阅读一组介绍鸟类的文章，使学生对鸟类有一个基本的认识。

三、活动过程：

在学生对鸟类知识有了一个基本了解的基础上，教师设计了以下活动：

> 锻炼学生遣词造句能力、书面表达能力和想象力。

1. 写话。让学生把自己想象成一只鸟，飞在天空中。要求学生根据已有的知识背景，想象看到什么、听到什么、还做了什么，以"哈哈，我是（　　　），飞到了天空"为开头写一段话。

2. 辩论。以"你认为哪一种鸟最聪明"为题进行辩论。要求学生：

A 做卡片：摘录文中有关内容，做成卡片（配上图文更好），用来说明自己的观点。

B 找资料：为了更充分地说明自己的观点，还可以借助其他书刊或网络资源查找相关资料。

> 辩论活动锻炼了学生的思维，提高了学生口语表达能力和综合运用信息资料的能力。

C 写片断：选取辩论过程的一个片断写下来。

3. 编故事。想象那些都很聪明的鸟有一天相遇了，展开智力竞赛，它们会怎么说、怎么做、结果怎样，编一个故事。

> 锻炼学生口语表达能力和想象力、思维力。

4. 表演。小组里谁编的故事最精彩，可把这个故事改编成剧本，分配好角色排演，还可做些道具，演一演、评一评。

> 综合素质在表演中得以展现。

【点评】

教师在教学过程中及时抓住学生的兴趣点，确立了综合性学习的主题。由一篇文章的学习到一组文章的学习，再到一连串生动有趣的语文学习活动，既体现了语文知识的综合运用、语文能力的综合培养，又体现了语文素养与其他素养的综合。

总体看来，由教材为生发点的综合性学习既有与"教材板块组合法"的相似点，又有不同之处。相似点在于："教材板块组合法"与"教材生发法"的操作流程基本一致。它们的不同点在于："教材生发法"主题的选择是由教师自己根据教学情况和学生的兴趣选择的，而"教材板块组合法"则是由课本编写者确定的，组织形式也已在教材中基本确定，教师只需根据实际需要取舍即可。另外，"教材生发法"是根据教材生发出来的主题，展开研究调查，开展多项活动，其实践性、研究性更强，对学生的能力要求也更高。下面把以教材内容为生发点的综合性学习的基本思路展示如下：

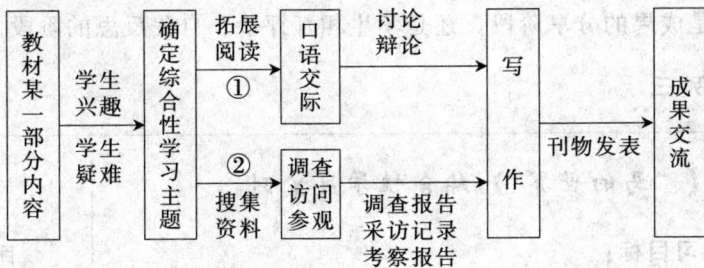

（二）超越教材的综合性学习

超越教材的语文综合性学习，打破了教材的局限，教师可以根据地区、学校和学生的实际情况，选取适当的主题，灵活地选择学习内容。这类综合性学习的过程可以分为这样几个阶段：活动准备阶段、实践体验和问题解决阶段、总结和交流阶段。其流程示意图如下：

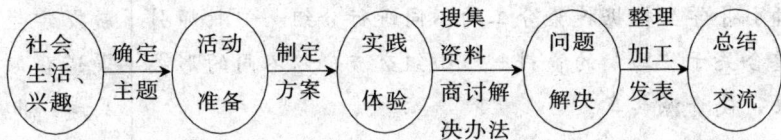

1. 活动准备阶段

教师要根据具体的教学情境，在确定的学习活动主题的引导下，指导学生研究制定综合性学习的方案，这是培养学生规划、组织能力的过程。因此，在准备阶段，教师应尽量放手让学生自主研制活动方案，从多个角度思考和分析问题，了解解决问题的途径与线索，建立综合性学习小组，讨论具体的研究思路和措施，在学生群体中达成共识，制定出有效的综合性学习活

动方案。

2. 实践体验和问题解决阶段

这一阶段是综合性学习的关键，学生在明确了活动主题，制定了活动计划之后，便要进入活动的实践体验与问题解决阶段，这一阶段的主要内容包括：搜集、筛选信息资料；寻找问题解决的具体办法并实施，直至取得相应的成果；小组成员之间的合作，各种形式的人际交往、沟通等。

该阶段的活动过程是学生知识增长、能力提高的过程，是学生的情感、态度和价值观发展的过程，要注重学习活动的过程和方法，要注重学生的全员参与，要注重把问题的解决转化成新问题的起点。

3. 总结和交流阶段

这个阶段，学生将对独立探究或小组合作所取得的学习成果进行整理、加工和发表。成果发表的形式多种多样，可以是书面呈现；可以是口头表达；也可以采用办展览、搞竞赛、出墙报、编刊物、制网页等形式。这个阶段是对成果的检验阶段，也是成果的分享阶段，还是学生相互评价、自我反思的阶段。

案例三

《"马的世界"》综合性学习案例

一、学习目标：

1. 培养学生自主地从不同渠道获得信息资源的能力，培养团队合作归纳综合的能力。

2. 了解有关"马"的文化知识，进而认识到中国历史文化积淀的博大精深。

> 目标设计强调文化内涵的衍生，体现了综合性学习的特点。

二、活动程序：

教师引导学生根据搜集分工的不同进行分组——教师引导学生整合关于"马"的资料——小组交流，以不同的形式汇报成果，使资源共享。

> 合作探究，激发学生从不同渠道获取知识的兴趣；也体现了教师的主导作用。

三、活动过程：

1. 沿波讨源，一马当先——汉字中的马

借助认识"马"字，进入语言文字的文化世界。展示"马"字的演变过程，体会汉字的生命和魅力。

> 由点及面，从一个"马"字

（由第一组汇报）

马 馬 mǎ

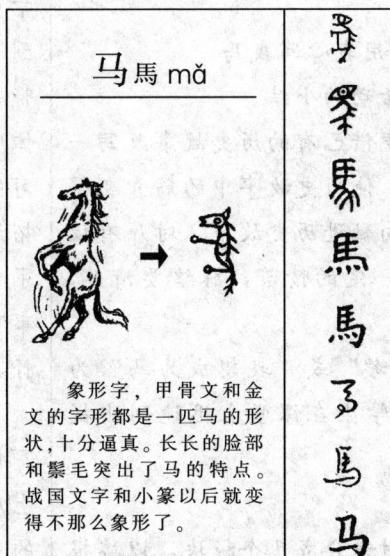

象形字，甲骨文和金文的字形都是一匹马的形状，十分逼真。长长的脸部和鬃毛突出了马的特点。战国文字和小篆以后就变得不那么象形了。

上图中，箭头所指的"马"为象形文字；右边框中的"马"字按照自上而下的顺序，依此为：甲骨文——金文——小篆——隶书——楷书——草书——行书——简化汉字

2.追马探源，万马奔腾——传说与艺术中的马

（1）历史传说中的马

我国古代涌现过许多与马有关的历史人物，流传着许多与马有关的历史典故，如王亥驯马、九方皋相马、塞翁失马、赵高指鹿为马、燕昭王以千金买千里马骨、田忌赛马、老马识途等。搜集这方面的资料，并把这些故事绘声绘色地讲给其他同学听。

（由第二小组汇报，可选择一两个故事讲述或表演，教师加以简短点评即可）

（2）艺术作品中的马

马是人类的忠实好友，陪伴着人类的发展进程。人们感念它的情谊，于是在石上刻马、纸上画马、小说中写马……如：汗血宝马、昭陵六骏、铜雕马踏飞燕、《八骏图》、徐悲鸿的《奔马》等都是艺术世界里的精品。

的演变过程了解汉字的发展过程，触摸到汉字的生命脉搏，使学生在自我发现的过程中热爱汉字，此乃"润物无声"。

进一步拓展学生的视野，整合关于"马"的文化信息，使资源共享。

此环节中，学生可深切体会到"马"给人类带来的巨大审美体验，使本次学习的外延进一步拓展。

（由第三小组汇报，展示他们搜集的材料，教师点拨欣赏）

3. 爱马有法，与马共舞——用我心写我马

活动是作文的准备，作文是活动的小结。

学生可以"改写故事"——凭借已有的历史故事改写一则小故事，注意展开适当的想象，使历史故事中的筋骨变得血肉丰满；也可把自己的情感倾向融进历史故事，对原有故事的主题、结构进行改造；要有一定的情节，脉络要清楚，叙述语言力求生动。

还可以用"我对马的个性思考"或"我想成为马"为题，写一篇小作文。教师应引导学生在课堂上迅速列出提纲，并口头作文。

四、成果展示：

将学生搜集整理的关于马的材料分成几个板块，以墙报的形式予以展示。

此环节中，学生可深切体会到"马"给人类带来的巨大审美体验，使本次学习的外延进一步拓展。落到写作平台上，学生有事可叙，有情可抒，有理可论。

展示学生的写作成果，实际上展示的是学生的成就感和自信心。

【点评】

"马"是生活中常见的动物之一，以此为题容易引起学生的共鸣。在梳理关于"马"的成语典故、传说故事、艺术形式的过程中，学生一方面获取了大量的信息资料，另一方面更能激发他们自主探究关于"马"的知识的兴趣。综合性学习过程体现了个人、历史、自然的内在整合，在"寻找"、"筛选"、"探究"等一系列活动中，发现和解决问题，体验和感受生活，不断提高自身的审美能力和语文素养。

语文综合性学习第一次被写入我国课程标准之中，成为语文新课程一道亮丽的风景，为语文学习开辟了崭新的天地，为语文教学和改革注入了新的生机和活力。语文综合性学习基于教材又超越教材，具有极强的开放性，是沟通课堂内外联系、沟通学生与自然社会的联系、沟通语文与各学科之间联系的纽带，充分体现了语文学科的实践性和语文的全面育人功能。

第二章　数学教学

小学数学与其他学科不同，有着自身的特点，即：小学生的数学学习是解决问题的思维活动过程；小学生的数学学习是直观的、实验的探究过程与初步的逻辑思维过程的统一。把握这两点是小学数学讲授的关键。

第一节　数与代数

数与代数按照《义务教育数学课程标准（修改稿）》在小学阶段分为两个学段，主要包括数的认识、数的运算、常见的量、式与方程及探索规律等。数与代数是数学知识体系的基础，教师要使学生体会到数学与现实生活的密切联系，认识到数字、符号是刻画现实世界数量关系的重要语言，通过学习，增强学生学习数学的兴趣和自信心，培养学生初步的创新意识和发现能力，初步体验用科学的观点观察生活。

✎ 案例一

《小数点的移动》课堂实录

（北师大版　四年级下册）

【教学目标】

1. 结合情境，探索、发现小数点位置移动引起小数大小变化的规律，并能应用这一规律解决简单的问题。

2. 明确小数点位置移动引起小数大小变化的实质。

3. 培养学生迁移的能力和探究的意识。

【教学资源】

米尺，磁力块，计数器，9毫米、90毫米、900毫米的小棒，《西游记》中孙悟空三借芭蕉扇的录像。

【教学流程】

一、课前谈话

（播放孙悟空三借芭蕉扇的录像。）

师：同学们，这段录像中的芭蕉扇真是一件宝贝，它能变大也能变小。我记得孙悟空也有一件，是金箍棒。孙悟空是怎样让金箍棒变大变小的呢？有的同学说孙悟空念咒语使金箍棒变大，一会儿我们就去破译这一咒语。下面，我给大家介绍一个魔块。

师：你们看这是什么？

生：磁力块。

师：但在老师手里，它就是一个魔块，相信不？你看，它贴到了黑板上，它还可以在黑板上移动。神奇不？不够神奇，那就看更神奇的！一起读一下：1234，1234，1234，1234。这四个数是一样的。1.234，读一下，你怎么不读一磁力块二三四呢？12.34呢？123.4呢、1234呢？（我说它有魔力吧！）它们还一样吗？想想怎么回事？（思考一会儿）

二、探索规律

师：在讲新的内容之前，老师先说一段评书。上回书说到：孙悟空二借芭蕉扇，辛辛苦苦弄到手的芭蕉扇又被牛魔王给骗了回去，老孙这次栽的是相当地惨。但凭老孙的性格，他能服输吗？于是他又找到牛魔王，并与他交手。（师出示幻灯片）当牛魔王看到孙悟空就喊："猴头，交出唐僧！""休想，看我金箍棒。"只见孙悟空叫了一声"变"，金箍棒顿时长了一截，再叫一声"变"，金箍棒又在长大，最后一声"变"，长到碗口一样粗，一棒把牛魔王打倒在地。要知后事如何，且听下回分解！

师：好，评书先说到这儿，我们一起看这几张图片。孙悟空要打牛魔王时，从哪里拿出的金箍棒？

生：从耳朵里。（教师拿教具时要慢，要停一会儿！）

师：对了，就是它！你们知道它多长吗？（走到学生中间让学生感受到它的小）老师告诉大家，它是0.009米，注意单位。（边说边板书）同学们能不能用尺把0.009米这个长度画到练习本上。（师巡视）

师：画好了吗？它是多长？

由学生熟悉的故事入手，渗透扩大和缩小的概念，化抽象为具体，激发学生的学习兴趣。

教师用磁力块当小数点，通过读1234和1.234、12.34、123.4，来唤起学生对小数点的重视，加深对小数点移动的理解。

通过评书引出金箍棒变大的情形，也以孙悟空的形象来告诉同学们，生活中要有不服输的劲头，才能迎来更多的成功。

老师拿着小"金箍棒"走到学生中间，让学生感受它的小。

让学生在练习本上分别画出

生：9毫米。

师：如果孙悟空把它扔出去打牛魔王，能打倒牛魔王吗？显然不能。我看能笑倒牛魔王。接着孙悟空让它"变"，好，变这么大了！你猜多长？老师告诉你是0.09米（板书）。它是多长呢？也请你在练习本上画下来。（师巡视）

师：好了，当孙悟空再次让金箍棒长大时，金箍棒已经长到了0.9米（板书）。0.9米是多长？你能画在练习本上吗？最后打倒牛魔王时，金箍棒已经长到了9米（板书）。9米是多长？（师出示绳子）这么长，又那么粗，别说牛魔王，我看马魔王也受不了！下面请大家看黑板：

0.009米

0.09米

0.9米

9米

师：观察这几个数，你们有什么发现？

生：0.09比0.009少了一个0，每一个都比上一个少0。

师：可以这样看，还可以看作什么呢？

生：可以看作是小数点在移动。

师：你说说小数点在这里是怎么移动的？

（生到前面来移动。都与第一个0.009比）

（师板书：小数点移动）

师：小数点移动后，新的小数和原来比，发生了怎样的变化？

师：这样吧！我们小组合作一起来研究一下这个问题，你们可以想各种办法。

三、发现规律

第一组：

生：小数点向右移动一位，这个数将扩大到原数的10倍。

师：你是怎么看出来的？

生：0.009米＝9毫米（生边汇报，师边板书。）

　　0.09米＝90毫米

　　0.9米＝900毫米

0.009米和0.09米长的线段，除了让学生去感受这两个长度到底是多长之外，也为后面的理解10倍埋下伏笔。

小学生的抽象思维能力较弱，而直观的东西能让人一目了然。在写0.009米、0.09米、0.9米、9米时，让米字对齐，这样可以让学生更清楚地看出，小数点移动的情形。

在学生思考、讨论的基础上，由学生介绍探究的结果，远比教师直接给出结论效果要好得多。

9 米＝9000 毫米

90÷9＝10，90 是 9 的 10 倍，那么 0.09 就是 0.009 的 10 倍。

师：他说得对吗？把你们的练习本拿来，我们看一看是不是扩大 10 倍。也就是说这个中金箍棒的长度里有 10 个小金箍棒那么多吗？你分分看是不是 10 个？

（教师用格尺把学生本上的 90 毫米平均分成 10 份。1 份和 10 份是 10 倍的关系。再看电脑演示）

师：同学们，经过刚才的演示，我们明白了小数点向右移动一位，这个数将扩大到原数的 10 倍。那么，向右移动两位会怎么样呢？如果孙悟空再让金箍棒扩大 10 倍，又应该怎么移动呢？（要注意没有位怎么移的问题。）

师：刚才两名同学的汇报和老师的演示，你们都看懂了吗？看来小数点向右移动相应的位数，小数的确扩大了相应的倍数。其他组有没有好的办法？

第二组：

生：老师，我们组是这样想的，0.009 表示把单位"1"平均分成 1000 份，取其中的 9 份，而 0.09＝0.090，0.090 表示把单位"1"平均分成 1000 份，取其中的 90 份，90 是 9 的 10 倍，那么 0.09 是 0.009 的 10 倍。（也可以是 9 个 0.001 与 90 个 0.001 之间的关系）

师：让我们一起来读这一规律。

生：小数点向右移动一位，这个数将扩大到原数的 10 倍；小数点向右移动两位，这个数将扩大到原数的 100 倍；小数点向右移动三位，这个数将扩大到原数的 1000 倍；

……

师：孙悟空打倒牛魔王后又要把金箍棒收回耳中，就听他说了一声"变"，金箍棒就变成 0.9 米，再来一声"变"，金箍棒变成 0.09 米，最后又说了一声"变"，金箍棒又变成了 0.009 米。在这个变化过程中，小数点又是怎么移动的呢？请一生到前面演示。（注意向左移动，没有数位怎么办的问题。）

师：它的移动又引起了原数的怎样的变化呢？根据刚才的学习你能说一说吗？

总结规律时，老师要强调，为了准确，应该说成"扩大到原数的 10 倍"。

在讲缩小时所用的情境与讲扩大时所用的情境是呼应的，有利于理解后一半规律。

这一环节要培养学生的迁移

生：小数点向左移动一位，这个数将缩小到原数的10倍。

师：缩小到原数的10倍？

生：（生搔头）缩小到原数的10倍似乎不合适。

师：那该怎么说呢？

生：缩小到原数的1/10。

师：你是怎么看出来的？

生：9000缩小后是900，也就是 $9000 \div 900 = 10$，就相当于把9000毫米平均分成10份，每份就是900毫米，所以可以说是缩小到原数的1/10。

生：把长绳与棒子进行比较。一起数。

师：OK！那小数点向左移动两位、三位呢？

师：出示规律，并齐读规律。

师：通过探索，我们发现了小数点移动引起小数大小变化的规律，我们能不能应用这个规律来做一些判断呢？

四、应用规律

师：下面，请同学们运用小数点移动的规律，一起来做下面的习题。

1. 把0.01平方米扩大10倍、100倍、1000倍，各是多少？把1平方米缩小到它的1/10、1/100、1/1000，各是多少？

2. 打开书完成P41第一题。

3. 请你当法官：对的在括号内打√，错的打×。（用手势表示）

（1）一个小数的小数点向右移动两位，原数就扩大2倍。　　　　　　　　　　　　　　　　　　（　　）

（2）一个小数的小数点向左移动两位，原数就缩小到原来的100倍。　　　　　　　　　　　　　　（　　）

（3）一个三位小数，去掉小数点后，原来的数就扩大1000倍。　　　　　　　　　　　　　　　　（　　）

（4）小数点向左移动三位，原来的数就扩大1000倍。　　　　　　　　　　　　　　　　　　　（　　）

4. 把整数扩大10倍、100倍、1000倍……时，就是在整数的末尾添上一个、两个、三个……"0"，是否符合我们今天学习的这一规律呢？

能力，这时，小数点移动不再是难点。唯一的难点是学生如何理解缩小到原数的$\frac{1}{10}$。这里采取的方法是运用学具，把9米长的绳子平均分成10份，每一份都和0.9米长的金箍棒一样长，10份中的1份，即。后面的情景以此类推，得出结论。

学以致用，当堂让学生将所学到的"小数点移动引起小数大小变化的规律"这一知识来解答问题，使知识得以深化，得以完善，以利于日后更好的应用。

【点评】

新课标指出，学生是学习的主人，在课堂教学中，不仅要发挥教师的主导作用，更要充分调动学生学习的积极性。在本节课上，教师首先引导学生去理解小数点的移动；然后指导学生总结小数点向右移动一位，与原数相比发生了怎样的变化。通过单位名称之间的转换，明确小数点向右移动一位，这个数将扩大到原数的 10 倍。接着再引导学生根据这一规律，总结小数点向右移动，小数大小变化的规律；最后总结"缩小"的规律。教师通过适当的引导、点拨，充分调动学生的学习主动性，让学生参与课堂教学活动，通过学生动手、思考、讨论、发言，使学生对小数点这个新知识很容易就掌握了。课堂上，师生互动、生生互动，课堂气氛融洽，教学效果好。

案例二

<table>
<tr><td colspan="2">

"探索与发现——找规律"教学实录

（北师大版 四年级上册）

【教学目标】

　　1. 通过有趣的探索活动，巩固计算器的使用方法。

　　2. 在进行数学探索的过程中，体会探索数学规律的方法。

　　3. 通过对有趣算式的结果的探索，进而发现数学的奇妙，激发学生学习的兴趣。

【教学资源】

　　能背诵圆周率小数点后 50 位的同学。

【课前活动】

　　师：老师听说咱们班有的同学不仅知道圆周率，而且能背诵到小数点后 50 位数。我们请他来表演一下。

　　生：3.14159265……

　　师：他背得很精彩，为他的精彩表演鼓掌。你们是不是也想来试一试。好了，老师这里也有一列数，不过不是圆周率。屏幕上一会儿会出现这列数字，它 20 秒后会消失。你们准备好了吗？（屏幕上打出 149162536496481）计时开始。

　　师：请同学们上来试着背一背。

　　生 1：1491625

　　生 2：1491253649

</td><td>

第一步，通过同学背诵圆周率的表演，引起学生的兴趣。

设计一个小竞赛，引起全体同学的参与兴趣。

</td></tr>
</table>

生3：149162536496481

师：我也背下来了，你们知道我是怎么背的吗？这列数是1～9这9个数的平方数。

师：看来做什么事情都不能蛮干，最好找到规律，特别是对数字。这节课就让我们一起走进数，不过不是一般的数，而是神奇的数。下面开始我们的神秘之旅。（板书）

神秘之旅第一关——有趣的电话号码

师：我出示一个电话号码6183105，你们怎么记呢？小组研究一下看有没有好的办法？想想看，这列数有什么规律？

生1：6，8，10，隔一个是1，3，5。

生2：6-1=5，8-3=5，10-5=5。

师：老师宣布，同学们顺利通过第一关。

神秘之旅第二关——奇妙的宝塔

师：在进入第二关前，老师要先考考大家。请大家动笔计算一下：

1×1=?　　11×11=?　　111×111=?

师：下面正式进入第二关，请接题。请组长到前面来取题卡。小组拿到题卡后，研究一下接下来的两道题的结果是多少？注意思考，找出规律。（1111×1111=?　　11111×11111=?）

生：1111×1111=1234321，

11111×11111=123454321。

师：你们是依据什么写出这个结果的？

生：结果的最大数在最中间，最大数前面从1开始从小到大排列，最大数后面按从大到小排列。算式中有几个1，结果中最大数就是几。

师：其他组有没有高见？没有？那好，现在请大家拿出计算器来验证一下这个小组的推断是不是正确？

生：第二个题数太大了，计算器验证不了。

师：看来计算器有时也不如人脑，这道题算得到底对不对呀？有没有好的办法可以验证了呢？

生：用竖式。

点破谜底，这列数是有规律的，顺利进入下面的学习。

以闯关的形式开始学习，神秘、有趣。

从电话号码中发现规律，增加记忆的技巧。

通过计算发现规律，同时感受有时计算器的"能力"也是有限的。

师：请同学们在自己的练习本上把这个竖式列出来。你们能再写几个这样的算式吗？

师：有没有胆量接受更高的挑战？22222222×55555555＝？可以借助计算器，小组一起来研究一下，怎样得出结果？

生：我们组先研究 2×5＝10，22×55＝1210，222×555＝123210，因此我推断：22222222×55555555＝1234567876543210

师：老师宣布第二关顺利过关。

神秘之旅第三关——奇怪的 142857

师：接下来还是请同学们把计算器拿出来计算下面几道题。

142857×1＝（142857）

142857×2＝（285714）

142857×3＝（428571）

142857×4＝（571428）

师：观察这几个算式，你有什么发现？

生：都是这几个数字，只不过排列顺序不同。

师：请你写出下面两个算式的结果。小组讨论一下，汇报。

142857×5＝（714285）

142857×6＝（857142）

142857×7＝（999999）

142857×8＝（1142856）

142857×9＝（1285713）

师：这组数据不是 password，也不是统一发票兑奖号码！它发现于埃及金字塔内！它是一组神奇数字！它证明一星期有七天！且礼拜天需要放假！它自我累加一次就由它的六个数字依顺序轮值一次！到第七天它们就放假，由999999 去代班！数字越加越大，每超过一星期轮回，每个数字需要分身一次！你不需要计算机，只要知道它的分身方法，就可以知道继续累计的答案！它还有更神奇的地方等待

通过计算，感受 142857 的神秘，从而产生对数的神秘、神奇的探索欲望，让学生对数学有更加浓厚的兴趣。

介绍这段传说，加深这些数字的神秘色彩。

你去发掘！也许它就是宇宙的密码！如果你发现了它的真正神奇秘密，请与大家分享！

师：老师宣布第三关顺利过关。

神秘之旅第四关——寻找神奇的数

师：接下来我们要寻找的这个数更神奇，也更神秘，既然神秘就不会轻易现身。我们经过下面的一个过程才能找到它。

师：现在你可以在0～9的数字中，任意选择四个数字，组成最大的数和最小的数。再用大数减去小数。请将得到的结果按照上面的步骤重新再做几次，看看在这样的不断重复的过程中，你能不能找到这个神奇的数。

师：神六回家，这次的航天英雄聂海胜，在宇宙飞船上过了一个有特殊意义的生日，我们就以他的生日的4个数字为例，来做一个演示。

师：游戏规则都懂了吗？每个同学都可以以自己的生日为例，试一试，找到这个结果后，马上告诉你们的小组长，当大家把意见都汇集到组长这里时，组长就可以把这个数写在纸上了。在小组内交流时可不要让其他组听到你们的结果。

师：请各组长亮题板。

师：奇怪吧？想不想知道？

生：多学点知识，长大后自己去证明吧。证明出来一定回来告诉我一声，我一定向你表示祝贺！

师：经过这节课的神秘之旅，你们感觉怎么样？有什么想说的吗？或者说你们有什么收获？

师：正像有的同学说的那样，数真神奇，也真的很美，数学的计算有时也很巧妙，不由得让我想起了两句话。大家知道马克思吧，他说：一门科学，只有当它成功地运用数学时，才能达到真正完善的地步。另一句也是一个名人说的，大家都认识，他说：数学有着神奇的美！

以航天英雄聂海胜的生日为例，老师演示算法，同学们再以每个人的生日的四个数字为例，根据规则进行计算，从而发现神奇数字。通过计算后发现，无论那四个数字，都有这样的规律。从而更增神秘感。

【点评】

一、注重探究、突出发现

新课程改革提倡自主、合作、探究的学习方式。这节课的四关都设计了探究活动，学生自主探究后再小组交流。特别是第二关，更是层层深入。学生就在这种探究、发现、再探究、又有新的发现的过程中逐步提高。

二、激发兴趣、关注方法

数学是思维含量极高的一门学科，需要付出辛苦和努力才能学好。学生的年龄特点决定了他们对新、奇、特、怪的东西特别感兴趣，而且总想问个为什么？这节课的内容正对学生的口味儿，但并不是所有的"为什么"老师都能解答。像奇怪的142857，为什么这么奇怪？还没有人知道；像神奇的6174，尽管有人证明出来了，但老师不能给学生讲。只能是鼓励他们多学知识，将来去证明，因此掌握科学的学习方法就显得尤为重要。在教学时与学生一起经历了探究 $11111111 \times 11111111 = ?$ 然后出示了 $22222222 \times 55555555 = ?$ 在学生探究前，先让学生想一想从上一道题上你借鉴到了什么？横向比较你又发现了什么？这样由易到难、由简单到复杂的研究策略就很容易被学生接受，而比较—发现的研究方式易于被学生总结出来。毕竟科学的学习方法对学生来说是受用终生的。

三、注意总结、促进发展

这节课是沿着两条主线展开。一条是明线："探索——发现——找到规律——得出结果"；另一条是暗线："感受有趣、奇怪、神奇——激发学习兴趣——提高探究意识"。而这条暗线更应该在教学结束时注意总结提升，努力创设一种"神奇"的氛围，让学生充分进入状态。而在总结时需要学生说出"神秘之旅"后的感受，学生在回答的过程中，明晰探究、发现是获取知识的有效途径，从中感受到数学神奇的美。

第二节　空间与图形

《空间与图形》分为四个部分：图形的认识、测量、图形与部分、图形与位置。《空间与图形》和《数与代数》一样，是小学数学的重要支柱，是儿童认识人类生存空间的必须知识，是儿童智力发展和创新精神形成的重要工具。学习好《空间与图形》这部分内容，有助于使儿童的智力得到全面、持续、协调的发展。在本部分内容中，着重强调空间观念，在摆脱欧氏几何的传统内容模式上，以空间观念的建立和发展作为该领域内容选择的主要依据和知识发展的主要线索。

案例一

《平面图形的拼组》教学实录

（人教版　一年级下册）

【教学目标】

1. 通过观察、操作，使学生体会所学平面图形的特征，并能用自己的语言描述长方形、正方形的边的特征。

2. 通过观察、操作，使学生初步感知所学图形之间的关系。

3. 通过学生大量拼摆图形，发现图形可由简单到复杂的变化及联系，感受图形美。

4. 通过数学活动，培养学生用数学进行交流、合作探究和创新的意识。

【学具准备】

图形卡片、实物风车、投影器，学生自备图形卡片。

【教学过程】

一、创设情景，谈话引入

师：（教师出示一个风车，并以谈话引入）同学们看，这是什么？

生：风车。

师：你们喜欢风车吗？谁动手做过这样的风车？给大家介绍一下做这样的风车要用哪些东西？

生：钉、小棒、纸……

生：我来补充，要用正方形的纸。

二、感受新知，观察比较

师：你们说得很对，做风车的风叶要用一张正方形的纸，正方形上个学期跟我们见过面了，是个老朋友了，回忆一下，上个学期除了正方形你还认识哪些图形？

生：长方形、三角形、圆形……

师：这些图形中，哪些图形和正方形最相似？

生：长方形。

生：它们都有四条边，而且很直。

设计"做风车"这个既富童趣又有挑战性的数学实践活动，尽可能地让孩子多尝试，多动手，让他们在有趣的活动中去探索，去体验，去创造。

引导学生观察正方形和长方

生：它们都有四个角。

师：对，它们都有四个角，四条边，我们先来看长方形，它的四条边有什么特点？

生：两条长边，两条短边。

师：上面的边对着下面的边，这样相对的边我们把它叫作对边。请同学们继续观察长方形的边，你还发现了什么？

生：长方形的对边相等。（学生如果说的不准确，教师可以给予指导）

师：我们能想办法证明长方形的对边相等吗？（学生可以自由选择证明方法，如对折、测量等，并请用不同方法的学生上台演示。教师板书：对边相等。）

师：你们再观察正方形的边，有什么发现？

生：正方形的四条边都相等。

师：你能想办法来证明正方形的四条边都相等吗？（学生动手证明，可有不同的方法，教师巡视给予指导）

师：你们真了不起，通过你的观察、动手验证了两种图形四条边的特点，请同学们利用手中的长方形的纸做一个风车。（全班同学动手做风车，教师对有困难的学生进行指导）

师：你们在做风车过程中发现了哪些图形？

生：我先把一张长方形的纸剪成正方形，在这个正方形上剪出四个三角形，就做成了风车，当这个风车转起来就是一个圆。

（让学生体会多种图形间的联系）

师：一个简简单单的风车，就让我们发现了这么多的图形，你能试着用这些图形来拼更多的图形吗？我们一起来试试！（把学生一些有创意的成果放在投影器上展示）

三、动手实践

1. 学生独立完成第28页的"做一做"。

2. 第29页的第1题。

四人分成一个小组，使用红、绿两种颜色的三角形卡片，试一试能拼成什么样的图案呢？比一比哪个小组拼出的图案最漂亮？

3. 小朋友通过小组合作拼出了许多美丽的图案，一个

形的边，鼓励他们通过动手折叠、比较等方法去进行验证，并得出正确的结论。

教师在数学课堂教学中，力求让学生在"动"中探究，"导"中自主，为学生提供动手操作、自主探索和合作交流的活动时空。

学生拼摆图形，使图形的特征更清晰，图形的关系更明朗，使学生在主体参与的活动过程中获得不同的、必要的感悟与体验。

整堂课都以学生喜闻乐见的活动为主，让学生在做中学，学中悟，学得快，记得牢。

个都是很棒的图案设计师，现在就请你们帮小强家一个忙，他们家买了许多地板砖，一般 4 个地板砖就能拼成一个图案，现在老师这儿就有 4 个地板砖的样本，请你们发挥想象为小强家设计地板图案吧，小小设计师你们准备好了吗？

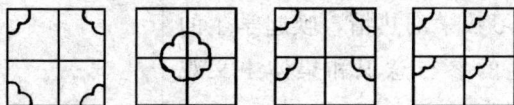

（第 29 页的第 2 题）

小结：

　　这节课我们进行了图形的拼摆，同学们学得很投入，课下请大家留心观察生活中有哪些基本图形拼成的图案，说不定会有更多更好的发现。

【点评】

　　图形的拼组是一节可视性、操作性很强的课，主要是让学生通过参与活动来体会平面图形的特征。无论是内容的选材，还是表现形式都给人全新的体验。苏霍姆林斯基说过："在人的心灵深处，有一种根深蒂固的需要，这就是希望自己是一个探索者、发现者、研究者。而在儿童的精神世界里，这种需要尤为强烈。"本节课充分体现了新课标"以学生的发展为本"的基本理念，让学生在活动中探究数学知识，教师根据学生的心理需求和教学内容的特殊性，突出了"做"数学，使学生在复习的选取、探索性的折叠、验证性的操作活动中，在观察、猜想、验证的认知过程中，感知正方形的特征，体会正方形与三角形、正方形与正方形的关系。但是，操作并非目的，真正的目的在于学生通过操作感悟了什么。因此，操作之后师生间、生生间的交流是必不可少的。教学中，让学生在教师的引导下自主探索，教师有意识地引导学生去摸一摸正方形的 4 条边，猜一猜 4 条边的关系，并鼓励学生自己动手证明猜想是否正确，培养了学生的创新意识和实践精神。

案例二

《三角形的内角和》课堂实录

（北师大版　四年级下册）

【教学目标】

　　1. 掌握三角形内角和是 $180°$，并能应用这一规律解决一些实际问题。

2. 让学生经历"猜想、动手操作、直观感知、探索、归纳、应用与创新"等知识形成的全过程,掌握"转化"的数学思想方法,培养学生的动手实践能力、协作能力及创新意识和探究精神,发展学生的空间思维能力。

3. 在活动中,让学生体验主动探究数学规律的乐趣,体验学数学的价值,激发学生学习数学的热情,唤起学生的竞争意识和创新意识,培养学生的参与意识和集体主义观念,同时使学生养成独立思考的好习惯。

【教学过程】

一、进行铺垫,激发兴趣

师:(课件出示一个三角形)你们认识这个图形吗?谁能说一说它有什么特点?

生:它有三个角。

师:对,我们把三角形里面的这三个角叫做三角形的内角。(随着学生的介绍课件闪烁三个角,板书:内角)

二、动手操作,探究新知

师:请看屏幕。(播放课件)熟悉这副三角板吗?请拿出形状与这块一样的三角板,并同桌互相指一指各个角的度数。

生:90°、60°、30°。(课件演示:由三角板抽象出三角形)

师:三角形各角的度数之和是多少?

生:它们的和是180°。

师:你是怎样知道的?

生:把三个角的度数加起来得到的。

师:对,把三角形三个内角的度数合起来就叫三角形的内角和。

师:(课件演示另一块直角三角板的各角的度数)这个呢?它的内角和是多少度呢?

生:也是180°。

师:从刚才两个三角形内角和的计算中,你发现了什么?

生1:这两个三角形的内角和都是180°。

生2:这两个三角形都是直角三角形,并且是特殊的三角形。

第一步,提出问题,引发思考。

总结直角三角形内角的和。

第二步,研究一般三角形的内角和。由特殊到一般,符合学生的认知规律。

师：（教师出示一个一般三角形）请同学们猜一猜这个三角形的内角和是多少度？同桌互相说说自己的看法。

生1：180°。

生2：不一定。

……

师：你能用什么办法来证明你的猜想呢？

生：可以先量出每个内角的度数，再加起来。

师：哦，也就是测量计算，是吗？那就请四人小组共同研究吧！

师：每个小组都有不同类型的三角形。每种类型的三角形都需要验证，先讨论一下，怎样才能很快完成这个任务。

（各小组研究）

师：请各小组汇报探究结果。

生1：180°。

生2：175°。

生3：182°。

师：没有得到统一的结果。这个办法不能使人很信服，怎么办？还有其他办法吗？

生1：有。

生2：用拼合的办法，就是把三角形的三个内角放在一起，可以拼成一个平角。

师：怎样才能把三个内角放在一起呢？

生：把它们剪下来放在一起。

师：很好，请用不同的三角形来验证拼合的方法是否能得到相同的结论。

师：小组内完成，仍然先分工再动手。

师：通过验证，你们得出了什么结论？

生1：锐角三角形的内角拼在一起是一个平角，所以锐角三角形的内角和是180°。

生2：钝角三角形的内角和也是180°。

师：请看屏幕，老师也来验证一下，是不是跟你们得到的结果一样？（播放课件，演示验证结果）

师：我们可以得出结论：三角形的内角和是180°。（教

再动手操作进行验证。

结果的不一致，有利于进一步激发学生探究的热情。

生生互动，通过合作、交流、讨论、探究，学生对三角形的内角和这一知识很快就了如指掌。

用多种方法

师板书：三角形的内角和是180°。要求学生齐读一遍)

师：为什么用测量计算的方法不能得到统一的结果呢？

生：因为我们的测量有误差。

师：刚才，我们用量一量、剪一剪、拼一拼等方法验证了三角形的内角和是180°。

三、巩固验证结果

师：(出示一个大三角形)同学们，我手里有一个大的三角形，请大家想一想它的内角和是多少度？

生：180°。

师：我手里还有一个小三角形，它的内角和是多少？

生：也是180°。

师：现在我把大三角形平均分成两个，并剪下来，拿起其中的一个，请同学们想一想内角和是多少？

生：180°。

师：为什么？

生：因为任何三角形的内角和都是180°。

师：能不能这样说，无论我把这个三角形平均分成两份，还是把它们剪成大小不一的两个，其中任何一个三角形的内角和都是180°。

生：是的。

师：我把这两个三角形再拼回一起，这个三角形的内角和是多少？

生：180°。两个三角形拼在一起就又组成了一个三角形。

小结：任何一个三角形，不论大小，不论形状，它的内角和都是180°，下面就应用这个结论来解决一些问题。

四、巩固应用，拓展延伸

1. 看图求出未知角的度数。

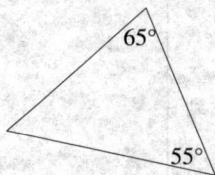

对三角形的内角和是180度进行了验证，有效地培养了学生的发散思维能力。

巩固验证阶段是加深对新知识的理解阶段。

有了这个结论，无论什么样的三角形都难不倒学生。

2. 按要求计算。

我是等边三形，每个角有几度？

知道我另外两个角的度数吗？

我是等腰三角形，我的顶资助是36°，底角是几度？

爸爸买了一个等腰三角形的风筝，它的一个底角是45°，你能算出顶角是多少底吗？

3. 判断对错：

(1) 某三角形三个内角的度数分别是150°、20°、40°。

( )

(2) 钝角三角形的内角和大于锐角三角形的内角和。

( )

练习形式丰富多彩，难易程度拾级而上：

一是新知再现，直接运用新知求三角形的未知角的度数的模仿练习；

二是综合三角形的内角和、平角、直角三角形、等腰三角形、等边三角形等有关知识开展综合性练习；

三是紧扣三角形的内角和，求五边形、六边形……的内角和的发展形练习，为学生把知识转化为能力起到了积极的促进作用。

（3）任何一个三角形至少有两个锐角。　　　（　　）

4. 在等腰三角形中，有一个角是40°，另外两个角可能是多少度？

5. 现在老师手中有一个三角形，我一刀把它剪成两个图形，你猜这两个会是什么图形，它们的内角和是多少度？

由学生猜测→动手操作→计算内角和

有两种情况：

（1）得到的是两个小三角形，内角和都是180°。

（2）得到的是一个三角形，一个四边形，学习加辅助线段把四边形转变成两个三角形，计算出四边形的内角和是360°

（3）利用三角形内角和是180，探究多边形的内角和是多少？

【总结全课，知识延伸】

今天你学到了哪些知识？是怎样获取这些知识的？你感觉学得怎么样？

教师把学习的时空还给学生。

【点评】

"凡事预则立"，一堂成功的数学课必须在课前进行认真准备，对教学流程进行精心设计。小学数学课堂教学流程的设计，大体可以分为两种情况，一种是"线型设计"，一种是"板块设计"，两种设计结构各有利弊。前者周密严谨，由浅入深，步步为营，较好地克服因新知的引入或者环节的转换而造成的突兀，但在实际的教学中容易造成师生因急于追赶线型流程的后续环节，匆匆的步履没有旁逸斜出的余地，没有驻足品味的时间，学生的学习行为不得越雷池半步；后者比较粗犷，相对而言学生学习的时空较大，但这种结构强调知识的发生、发展过程，加上线条比较粗，如果组织不好，容易流于形式，从而造成学生学习的两极分化。

本节课的设计，两种设计理念并存，并相互支持，相互补充。就整节课的安排而言，遵循了"整合已知，复习铺垫——引入新知，大胆猜测——动手实践，小组合作——归纳小节，揭示概念——运用新知，解决问题"的线型结构；就局部而言，板块结构的安排又恰到好处。在验证三角形的内角和是180度这一环节，改变传统的分步呈现的习惯，将计算、剪拼、对折等验证推理的方法，一并让学生在同一时间内小组合作完成。在这一板块中，学生立足于小组间的观点交流和思维共享，加上教师适时的介入参与，让学生完整地经历了学习过程。两种教学流程的结合运用，不失为本节课的一大亮点。

📝 案例三

《方向与位置——东西南北》教学实录

（北师大版 二年级下册）

【教学目标】

1. 知道地图上的方向是上北、下南、左西、右东；认识方向，会看简单的平面图，培养空间观念。

2. 体会数学与日常生活的密切关系，增强数学的应用意识。

3. 通过设计小小动物园，并说清设计意图，培养创新意识和合作能力。

【教学资源】

1. 实物投影仪、多媒体课件、指南针、方向牌、长春市区图。

2. "小小动物园草图"卡片、绘制好的操场示意图。

【教学过程】

一、创设情境，发现问题

师：上节课我们在操场上辨别了东西南北，并对四个方向的主要建筑做了记录。请同学们把自己画的图拿出来。

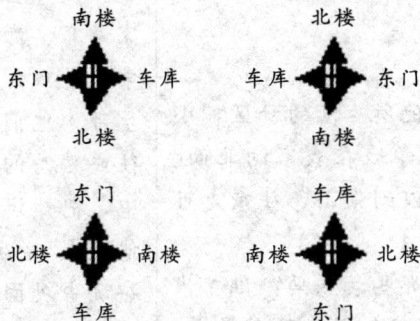

师：看来同学们记录时，每个人的朝向不同，请同学们按照记录时东、西、南、北四个不同的朝向，分别站成四队。

师：请学生在小组里讨论一下为什么记录结果会不同。

生：由于做记录时朝向不同，所以记录结果就会不同。

师：这样会造成许多麻烦，怎样才能使记录都一样呢？

让学生死记成人所规定的图上方向，虽然记起来容易，但不易理解。设计对操场做记录的环节，让学生参与知识的形成过程，帮助他们一步一步慢慢地把知识建构起来。

生：朝向同一个方向做记录，比如选择朝向北做记录，记录结果就会相同。（学生全体起立，面朝北，在课堂上再做第二次记录）

师：我们面朝着北，那么我们现在面对的就是北楼，我们把北楼贴在操场的上面，我们的后面是南楼，把南楼贴在操场的下面，我们的左面是车库，右面是东门，把车库和东门分别贴在操场的左面和右面。（见图2）

图2   图3

师：请同学们来认识地图上的方向。（拿走记录卡片：北楼、车库、南楼、东门）标注上北、下南、左西、右东（见图3）。

师：请同学们拿出你准备好的方向盘，在你的桌面上摆一摆地图上的四个方向，边摆边说一说你是怎样摆的，同桌交流。

师：我们学会了辨别方向，学会看地图，我们就掌握了一个了不起的本领。只要有地图，我们就可以去世界任何喜欢的地方参观、旅游。

二、解释与应用

1. 图——社区示意图

师：小明邀请我们全班同学去参观他所生活的社区，小明还对我们说了几句话：森林公园和科学城在我家的北面。我去科学城很方便，从科学城往西走可以到景山，往东走可以到月亮湖。

师：你能说说小明家所在的社区有那些景点吗？谁在谁的哪个方向？说一说小明从家到森林公园怎样走？到景山、月亮湖该怎样走？

（教师指导）

A. 共同分析小明说的这几句话的含义。

B. 学生自主探索，小组合作，教师指导发现小明家所在社区各个景点的位置。

C. 学生任意设想与小明共去那个景点的情境，如某生

创设情境，激发兴趣，使知识在游戏中巩固。

设计去小明家做客、海岛探索等游戏，把学生带入他们所向往或熟悉的情境中，把知识寓于他们的游戏中，在玩中巩固所学知识，培养识图能力。

说:"我想与小明去森林公园拍照,我们要从小明家先向北走到科学城再继续向北走到森林公园。"

2. 教学评估

(1) 识图——"海岛探险"

师:相传很早在太平洋上有一处岛屿,过去曾是海盗出没的地方,叫恐怖岛。现在海盗被消灭了,但此处仍然笼罩着神秘的面纱,据说海盗在此藏了许多财宝,吸引许多人去探险,你们敢去么?好,我们一同扬帆起航。电脑播放动画——大船出海的情景,烘托气氛。

A. 辨别方向

师:探险需要勇敢和智慧,现在我们遇到了难题,快来一起想办法。我们到了岛上怎么辨别方向呢?

生:指南针、北极星。

生:树木的年轮、树荫的疏密。

......

师:你们真聪明,我们现在辨明了方向,该寻找宝藏了。

B. 寻找宝藏

师:凭着我们的勇敢的智慧,我们终于找到了一张藏宝图,破获了几句暗语。(电脑出示藏宝图和暗语)

藏宝图暗语:

A.(金币):在(恐怖岛)东面的小岛上。

B.(珠宝):(在恐怖岛)西南方的小岛上。

C. 从有(钻石)的岛上看起来(恐怖岛)在东南方。

(师生共同游戏找财宝,同时提高辨别方向的能力)

(2) 作图——设计动物园

师:我们用集体的智慧找到了宝藏,我们学校旁边的动植物园要重新规划,我们每一个人都是这个城市的主人,现在我们就来做一个小小设计师,设计一张动物园的规划图。

要求:

A. 按自己的意图将 P101 图剪下来,贴在 P60 页的图上,可以按自己意愿添加取舍,自由设计,合理即可。

B. 边设计边思考你的设计意图,要求讲给大家听。

C. 说一说在你设计的动物园里鹿园、猴山的位置。

给学生充分展示自己的机会,鼓励学生去创造。

很有童趣。

设计小小动物园的环节,利用学生爱动、好玩的天性,尽情展示自己的思想与才智。

D. 将设计图拿回家里，征求一下家长的意见。

E. 把你设计的动物园规划图寄给管理人员，希望你的意见能够被采纳。

（3）用图——长春市区图

师：我们居住的城市长春是一座美丽的城市，它历史悠久，闻名全国，我们生活在这里，感到骄傲和自豪。你们想不想对她有更多的了解呢？拿出长春市区图。

要求：

A. 找到我们的学校，在城市的（　　）部。

B. 找到自己的家，在学校的（　　）方。

C. 找到一处景观，说出它在城市的（　　）方向。

D. 说出火车站、百货商场、动植物园等学生熟悉的地方各在学校的哪个方向？

师：这节课你最大的收获是什么？本节课中你最感兴趣的是什么？通过这节课的学习，你感到自己在哪些方面还有欠缺？今后还要学习吗？有关方向的知识在我们的生活中应用非常广泛。如航海、航空、土地测绘、天文、军事等事业中都要用到这方面的知识，今后我们还要继续学习。

> 对城区的设计要考虑到很多因素，可以融进自己的许多思想，非常适合培养学生的创新意识和创新能力，意在培养"小主人"意识。
>
> 学以致用，培养应用意识。

【点评】

北师大版教材注重数学与生活实际的联系，以适应社会、未来发展需要为目的，基于"大众数学的思想"，提倡"人人学有价值的数学"。考虑到人最先感知的是客观的三维世界，人每时每刻不但要接触形体，同时要感受它们之间的相互位置关系。本节课选用了生活中的情境，使学生非常有兴趣去学，从而增强了对东西南北的认识。

这部分内容是在第一册已经认识上下、前后、左右等有关方向的基础知识上，教学东、西、南、北，向学生渗透二维、三维坐标系等知识，使学生的空间观念得到进一步的发展。本节课的教学有如下几个特点：一、灵活处理教材，分散难点；二、利用画操场示意图的环节，帮助学生进行知识建构；三、采用多种形式达到对知识的巩固和应用。

第三节　统计与概率

现代社会要求每个合格公民都具备一定的收集数据、整理数据、描述数据、分析数据的统计观念和意识，而这种观念和意识的获得经过试验证明，是可以从小培养的。随机现象在现实生活中到处存在，但从随机现象中寻找规律，对学生来说是一个全新的概念，从小就把随机思想渗透到数学课程中，具有深远的意义。在小学中，《统计与概率》共分两个学段，包括数据统计活动初步、不确定现象、简单数据统计过程、可能性四个部分。

案例一

《统计》教学实录

（北师大版　二年级上册）

【教学目标】

1. 使学生经历数据的收集、整理、描绘分析的过程，初步了解统计的意义。

2. 认识统计表和条形统计图（一格子表示 2 个单位），并回答简单的问题。

3. 通过有趣的调查，激发学生的兴趣，培养合作的意识和实践的能力。

【教学资源】

软件（东师理想）、题签、水彩笔（学生每人一支）。

【教学过程】

一、创设问题情境

师：同学们喜欢看书吗？你们平时都看哪些书呢？学校要新进一批图书，可是不知道你们喜欢什么书，不喜欢什么书？喜欢的就多进一些，不喜欢的就少进一些，以免造成浪费。那就让我们来统计一下吧！（板书：统计）

（一）出示书目　制定计划

师：学校要买的书有《我们爱科学》、《米老鼠》、《动画报》、《儿童文学》这四种书，要想知道喜欢什么书的人多，喜欢什么书的人少？我们来做个计划，先做什么，再做什么？

> 用低年级学生喜爱的图书设计统计图书的问题情景，复习简单统计方法，既吸引了他们的学习注意力，更让他们体会到用所学知识解决生活问题的成功感。

生：先统计一下喜欢每种书的人数，再画出统计图。

师：要想统计每种书的人数怎么办？

生：我们可以举手来问一问，也可以用调查表的形式来统计等。

师：为了准确，我们用调查表来统计每种书的人数。拿出你手中的调查表，在你最喜欢的书下面画出"√"就可以了。

（二）搜集数据

师：你们准备选哪种方法记录整理数据呢？

生：我用打"√"法。

生：我用画"正"字法……，正字法比较简便，平时经常用到。

师：那就让我们开始吧！（教师读收集来的数据，学生用"正"字法记录数据）

师：说一说各有多少人？（6人、20人、10人、4人）

师：我们把这些统计的数填在表格中，这个表格就叫什么？

生：统计表。

（三）绘制统计图

师：数据已经统计完了，知道了每种书喜欢的人数，为了一目了然，我们来画统计图。老师这里有画好的空白统计图（演示）。

师：看一看一个格子表示几个人？

生：1人。

师：你是怎样看出来的？

生：我是从旁边的数字看出来的。

师：那么现在你会根据给的数据涂出来吗？（学生实践涂统计图）

（四）产生矛盾 探究方法

生：米老鼠的格子不够涂。

师：各小组讨论一下怎么解决这个问题。

生1：可以涂在旁边的格子里。

生2：也可以往上涂。

生3：还可以用一个格子表示两个人。

创设情景产生问题，小组讨论寻找方法，实践操作解决问题，分析比较优选记录方法。让学生真正参与到学习的全过程，体验解决问题的快乐，树立学习数学的自信心，培养对数据信息的敏锐直觉，促进学生的数学思考。

引导学生自己动手探寻解决问题的方法，并在具体的操作中检验各自方法的可行性，最后通过交流比较得出简便易行的统计方法分类用符号记，并引导学生掌握这种记录方法。

师：同学们想出这些办法，很了不起。下面用你自己的办法涂一涂，说一说感觉怎样？

生：涂在旁边的不好，连在一起不好看。而且费涂料。

生：往上涂也不好看，很麻烦。

生：一个格表示两个单位很好，美观、省涂料。

师：大家都觉得一个格表示两个单位好吗？

生：是的。

师：那《儿童乐园》涂9格就可以了。（演示）

生：不可以。

师：为什么？

生：《我们爱科学》占6个格子，而《米老鼠》占9个格子，别人看不出表示多少？怎么办？

生：把《故事书》减少3个格子，2×3＝6，表示六本书。

师：别人不知道多少，以为3本、9本、4本呢？这该怎么办？

生：我们可以在旁边标上0、2、4、6、8.... 这样就可以看清楚了。

师：看来在实际生活中，不仅可以用一个格子表示一个单位，还可以用一个格子表示2个单位、3、5、10个单位等。根据我们《统计》的结果，你给学校提什么建议呢？（让学生根据统计图回答问题。抢答可以加快课堂节奏）

二、联系巩固 加深拓展

（1）统计班级喜欢游泳衣的颜色

提供给学生"正"法的统计表让学生画统计表并提出建议。（学生独立完成）根据统计图提问题，学生汇报不同的方法，进行讲评。

（2）联系生活　解决实际问题

给管理员叔叔订菜谱。各个小组合作研究调查收集数据，并绘制成统计图。每个小组到前面汇报自己小组的情况，并根据统计的结果向管理员叔叔提建议订出菜谱。

三、总结归纳

今天我们学习了《统计》，知道了在画统计图的时候，我们可以用一个格子表示2个单位，或5个、10个或更大的数。还会用统计的知识解决实际的问题。

这个环节让学生在自己熟知和喜爱的游戏中轻松活动，练习设计贴近生活，紧扣主题，既能放松学生的身心，又能巩固本节课学习的内容。

【点评】

统计知识在现实生活中究竟能派什么用处呢？空洞的说教解决不了问题。教师在这里帮助学生联系生活实际理解数学知识，既强化了学生的统计意识，又使学生体会到数学与生活的密切联系。

本课设计以学生为主体，精心选择学生熟悉的事物和生活情景，不拘泥于教材所提供的素材，提供学生感兴趣的素材进行统计活动，合理应用多媒体技术，设计精彩的动画组织教学。注重从学生已有的生活经验、生活背景出发，为学生提供充分的从事数学活动和合作探究、交流的机会，激发学生学习的积极性和主动性，真正使学生参与到获取知识的全过程中，让每一位学生都在生动有趣的学习过程中理解、掌握基本的统计知识和技能，同时获得实用的数学活动经验，体会到数学与生活的密切联系。

案例二

《平均数》教学实录 （北师大版 三年级上册） **【教学目标】** 1. 通过操作、实践、探索，明确平均数的意义及求平均数的方法。 2. 经历学习过程，掌握学习方法。 3. 在主动、生动的学习情境中培养学习兴趣。 **【教学资源的选择】** 1. 多媒体课件，学习卡片； 2. 三杯不同高度的玻璃杯饮料。 **【教学过程】** **一、感知平均数的产生** 师：今天我们在这里上课，还来了一群小兔子，它们可高兴了。你们想去看一看究竟发生了什么事吗？ （出示多媒体课件） 师：原来是兔妈妈要给小兔们分饮料，分着分着，一只小兔不干了："不公平，不公平，我的比哥哥的少。"这可难为了兔妈妈，饮料已经倒进了小兔们的杯子里，怎么才能分得公平呢？ （画面静止在三杯不同高度的饮料瓶处）	创设兔妈妈给小兔分饮料的问题情境，使学生感受到数学与现实生活的密切联系，激发学习的积极性。 不要求学生各种方法都能说出，只要能够在交流中提出自己合理的意见即可。

师：同学们，咱们现在就动脑筋想办法，帮助兔妈妈怎样才能分得公平，你们愿意帮助兔妈妈吗？

师：（拿出准备好的三杯水）假设兔妈妈分的三杯饮料带到了课堂上，你们观察一下怎样才能分得公平呢？

（生边说边上前演示各种倒法，倒来倒去，至三杯饮料同样高度为止。）

师：做得挺好，用这种移多补少的方法可以使三杯饮料同样多，那么这样倒来倒去不够准确，也比较麻烦，能不能想想办法操作起来更简便呢？

生：倒在一起，然后再分。

师：好。我们可以把三杯饮料倒到一个大瓶中，量一量一共有多少厘米长，再平均分成三份，就相当于把这三杯饮料的总数合起来的高度除以 3，就得出了每杯饮料的高度，倒到这个高度时，三杯的饮料就同样高了。那么这个高度就是这三杯饮料的平均高度。

师：我们用集体的智慧帮兔妈妈把小兔们的饮料分得同样多了，我们看一看，对比一下，每只小兔分之前和分之后饮料的高度。此时画面呈现三杯同样高度的饮料，原来各杯饮料的高度用虚线表示。（生发现有的比原来的高，有的比原来的矮）分完后的平均高度这个数叫"平均数"（板书课题）。

师：下面我们计算一下，兔妈妈给三只小兔杯子里分的饮料的高度分别是 3 厘米，4 厘米，8 厘米，三杯饮料总的高度是多少？

二、学习平均数的求法

1. 感受平均数的意义

师：请 A 组同学起立，B 组同学也请起立。我们大家来看一看，这两组同学的身高从总体上来看哪一组的身高更高一呢？

生 A：我认为 A 组同学身高更高一些，因为 A 组的××× 是我们班里最高的男生，所以我认为 A 组同学高。

生 B：我认为 B 组同学身高更高一些，因为 B 组的×× ×和×××虽然不是最高的，但他们身高也比较高，所以我认为 B 组同学高。

帮助兔妈妈这个需要使学生自然地学习新知识，激发强烈的求知欲望，让学生在解决问题的过程中不断感受，逐步加深理解。

小组合作学习要在注意独立思考、明确分工的基础上加强合作，还要注意给予足够的时间，提高小组学习的有效性。

生C：我认为这样比较不合适，应该比较这两组同学的平均身高比较合适。（此办法如学生难于提出，教师可适当引导）

师：要比较两组同学身高的总体情况，应该比较这两组同学的平均身高。×××最高只能代表个人，要比较两组同学身高从整体上看的一般水平，就应该计算这两组同学的平均身高，再进行比较。

2．探索平均数的求法

师：首先，概括平均身高的求法（把各组每个同学的身高合起来再除以这组的人数，就是这组同学的平均身高），那么我们需要知道这两组同学每个人的身高。其次，请各组同学依次报自己身高，其他同学做记录，记录在学习卡片上，然后小组合作，进行计算。

A 组：132cm　　146cm　　137cm　　140cm　　131cm　136cm

B 组：142cm　　145cm　　139cm　　134cm　　136cm　132cm

最后，汇报计算结果，计算平均数。

三、课堂评估练习

1．小兔拔萝卜比赛（多媒体课件演示）

师：4 只小兔拔萝卜，1 号兔拔了 10 个大萝卜和 7 个胡萝卜，2 号兔拔了 13 个大萝卜和 5 个胡萝卜，3 号兔拔了 6 个大萝卜和 3 个胡萝卜，4 号兔拔了 15 个大萝卜和 9 个胡萝卜。请你们计算一下这 4 只小兔平均拔了几个大萝卜、几个胡萝卜？

小组合作完成学习卡片。

2．比比谁家的居住面积大

王老师家三口人，居住面积是 84 平方米，俞老师家四口人，居住面积是 104 平方米。谁家的人均居住面积大？大多少？

师先绘声绘色地讲出来，再以题的形式出示。

总结，并给学生留出提问题的时间。

【点评】

数学是从现实世界中抽象出来的，生活中处处有数学。学生学习数学的起点

是培养学生以数学的眼光发现问题，在现实的情境中，学生对数学的学习不再感到神秘与高深，而是激发了学生学习数学的兴趣，并且培养了学生的应用意识。本节课的教学设计，从始至终，学生都处在一个现实的情境中观察、思考、探索、操作。在学习过程中感受学习数学的意义和价值。

第四节　实践与综合应用

在低年级的学段当中，学生通过实践活动，初步获得一些数学活动的经验，了解数学在日常生活中的简单应用，初步学会与他人合作交流，获得积极的数学学习情感。教学时，首先应关注学生参与活动的情况，引导学生积极思考、主动与同伴合作、积极与他人交流，使学生增进运用数学解决简单实际问题的信心，同时意识到自己在集体中的作用。

在较高年级的学段当中，学生将通过数学活动了解数学与生活的广泛联系，学会综合运用所学的知识和方法解决简单的实际问题，加深对所学知识的理解，获得运用数学解决问题的思考方法，并能与他人进行合作交流。教学时，应引导学生从不同角度发现实际问题中所包含的丰富的数学信息，探索多种解决问题的方法，并鼓励学生尝试独立地解决某些简单的实际问题。

✎ 案例一

《别小看废纸》教学实录

（北师大版　六年级）

【教学目标】

1. 能够对所搜集数据进行筛选、比较、整理，并综合运用已学的数学知识解决生活中的实际问题，感受数学和生活的密切联系。

2. 通过收集和处理信息的能力，培养发现问题、探索问题和解决问题的能力。

3. 通过探索、交流、讨论理解废纸回收的意义，树立节约意识、环保意识。

【教学资源】

学生课前调查并记录各个班级废纸回收的数据，制作统计图表，查找有关废纸回收和利用的资料。

【教学流程】

一、调查数据

在学校开展的系列节约活动中，各个班级成立了"一张纸小队"，将本班的废纸进行分类和回收。结合这个活动，教师指导班级学生以小组为单位，深入到全校班级跟踪调查所选班级每天回收废纸的情况。各个小组首先制订调查方案、选择被调查的班级，然后确定每天跟踪调查的时间和方法，并在两个星期的时间里坚持跟踪调查、记录和整理数据。

教师对学生的跟踪调查进行指导，并汇总各个小组调查、记录的数据，指导学生将自己小组的数据用合适的统计图展示出来。

二、研究探索

1. 交流调查结果

师：请各个小组交流跟踪调查、获得数据的过程，并展示本组整理数据的图表。各个小组对记录的数据和绘制的统计图进行交流和评价。

生：一班的废纸比较多，二班的废纸比较少。

生：造成废纸多或者少的原因可能是一班的同学比较浪费，二班的同学也可能是很少做演算。

生：我们小组调查的这些班级一共收集了 1250 张废纸。

2. 提出并解决问题

师：请同学们观察被调查的所有班级废纸回收情况记录表，根据统计表中的数据提出数学问题并解决。

生：这种数据的总数是多少？这组数据的平均数是多少？

师：老师给大家这组数的总和是 8250，请同学们利用计算器计算这组数据的平均数，并说明计算的方法和这个平均数的意义。

3. 利用平均数提出并解决其他问题

师：借助刚才求出一个班级两个星期回收废纸的平均数，你能估计一下这个班级一个月大概能回收废纸多少张？一个班级一年大约要回收多少张废纸？

师：请你以刚才计算出的一个班级两个星期回收废纸的

要进行这样一节综合实践与应用领域的教学，一定要有数据。从学生身边的事入手，便于学生调查。

对于综合实践与应用领域的内容，完全可以把一部分内容放在课外，让学生自己尝试用学过的知识解决问题。

通过学生自己提出问题，增强发现问题、提出问题的能力。

数据为标准，列算式计算出全校一年回收废纸的总量是多少？

（学生计算出结果后，教师向学生展示1万张纸有多少，帮助学生建立表象，感受每年学校可回收的废纸数量是多么惊人。）

4. 利用本校的数据提出新的数学问题

师：如果我们以我校的数据为标准，能不能计算出全国的中小学生一年能够回收废纸多少万张？

生1：要想解决这个问题需要了解全国中小学生共有多少人，知道了这个总人数，才能够进行后面的计算。

生2：还需要我校学生人数。

师："全国在校的中小学生大约有2亿多人，我校在校学生3964人"，请你们利用这两个信息，解决刚才提出的问题。

（生计算后汇报。）

师：请说一说自己对全国中小学生一年可回收的废纸量这个数据的感受。

生1：我们应该养成节约的好习惯，为国家节约能源。

生2：节约也是造福子孙的好事。

结合前面所解决的问题得到的结果，扩展到全国这个大环境，计算全国一年回收废纸多少万张。在提高计算能力的同时，感受节约的重要。

三、扩展延伸

1. 观看中央电视台关于回收利用废纸的广告，从中发现信息，提出问题并解决。

广告中的信息包括：

我国每年约有1400万吨废纸没有回收利用。回收利用1吨的废纸可以生产出850千克的再生纸。与用木浆制造相同重量的新纸相比较，可节约3立方米的木材，相当于少砍17棵大数；可节水120吨；可节电600度；可节约1.2吨煤；可节约500千克纤维原料；可节省3立方米的垃圾添埋空间；可节约用于处理废渣的资金150元。

师：请动手计算全国中小学生一年回收的废纸可以再造多少新纸？并选择广告中的一条信息，计算再造这些新纸可以节约多少资源。

提供不回收废纸造成的间接节约能源的数据，进一步体会节约的重要性。

2. 了解我国废纸回收利用的现状。

教师给出信息：我国的废纸回收率只有30%左右。废纸回收利用率最高的是中国香港，达到88.2%，其次是德

通过了解我国回收废纸的状

国，回收利用率为 71%。

师：你怎样理解 30%？通过这些信息你知道了什么？

教师给出数据：由于我国的废纸回收利用率很低，所以每年都要从国外进口大量的废纸。

师：我这里有一张图表，反映的是我国近几年来进口废纸的数量，请同学们考虑一下，用哪种统计图来表示这些数据比较合适，为什么？

中国废纸进口量情况统计表（单位：万吨）

年　份	1995	1996	1997	1998	1999	2000
废纸进口量	240	314	303	306	252	371

生：用折线统计表比较合适，因为这张图表要反映的是这组数据的变化情况。

师：好，老师用折线统计的方法画出了这张图表，请学生分析图中折线的趋势，交流获得的信息，提出不同的问题并解答。

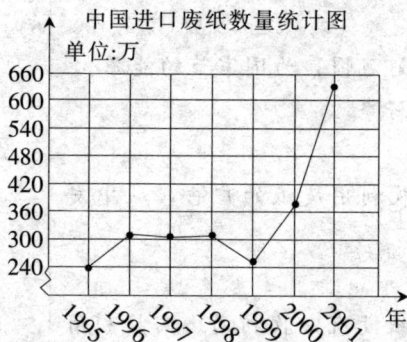

中国进口废纸数量统计图
单位:万

师：据专家估计今年我国废纸的进口量将比 2001 年多 55.76%。你能计算出今年我国将进口多少废纸吗？我国进口废纸平均价约 137 美元/吨，你能计算出我国今年进口废纸大约需要多少钱吗？请学生列算式计算今年我国进口的废纸量和需要的费用。

四、交流感受

1. 请学生说一说通过这节课的学习对废纸有了哪些新的认识？有什么感受和建议？

2. 请同学们联系课上我们计算的数据，结合我校正在开展的"一张纸小队"活动，给全校同学写一封建议书或倡议书，让全校同学都意识到废纸回收再利用的意义。

况，让学生感受到，作为一名小学生有责任为回收废纸做出自己的贡献。

这节课提出问题、分析问题、解决问题，所得出的数据是惊人的。让学生把这一节课的感受以倡议书的形式展示出来，影响其他同学。

【点评】

一、培养学生解决实际问题的能力

学习知识的最终目的在于解决实际问题，而解决问题的能力并不是指选择合适的策略方法解决数学问题，而是指学生在对整个事件策划、实施、总结过程中显现出的协调、统筹、反思能力。这些能力与学生在解决具体数学问题时所具备的能力相似，而且还可以应用于更多不同类型、不同方面的情景。

比如在《别小看废纸》系列活动中，学生首先要根据自己班级和学校或家庭的实际情况制订调查计划，分组实施；然后要跟踪记录被调查班级或家庭每天废纸回收的情况，根据实际情况调整调查计划；两个星期后要对调查的数据做汇总，展示并分析数据，得出结论；最后还要思考自己小组还对哪些相关的问题感兴趣，查找有关的资料，由已知的信息将问题延伸和扩展。这个过程不仅是学生解决诸多数学问题的过程，更是学生有条理、有计划地去处理一个复杂事件的过程。在这个过程中，学生不仅巩固了知识、解决了问题，也了解了如何进行调查、如何协调关系、选择什么样的方式方法能促进活动的展开等。这些都是他们参与这个数学学习活动的一个重要收获。

二、培养学生丰富的情感

新课标指出，教学中要结合学科内容，引导学生树立正确的价值观，努力使知识与技能、过程与方法、情感态度与价值观达到有机的统一。很多教师在制订一节课的教学目标时往往都会考虑到通过活动让学生感受到数学学习的快乐。学生在学习时有愉悦、成功的体验是一件好事，能够激发并保持他对这个学科的兴趣，引发后续学习的愿望。但是"快乐"只是诸多情绪情感中的一种，学生除了从数学学习中获得"快乐"外，还应该获得更多的情感，如不安、震惊、惋惜、责任等等，这些丰富的情感体验才能帮助学生理解数学学习的价值，正确看待与数学学习相关联的生活。

学生在参与这个《别小看废纸》的数学活动时，最初调查和收集数据并不会给学生带来太大的冲击，但随着数据的汇总，调查相关的资料，计算一些新数据等，学生才受到了强烈的震撼。"我国要从国外进口 1000 万吨废纸，要花 13.7 亿美元"这些数据让学生大为吃惊，回想生活中处处见到的浪费纸张的现象让他们觉得惋惜，没有养成垃圾分类的习惯也引起他们的反思。这些情感体验虽然不"快乐"，却十分有意义，可以激起学生对纸张、树木的价值、环境的破坏的新思考，从而转化成正确的行为。

当然，不是每一节数学课、每一次数学实践与综合应用活动的教学都能让学生有一些知识、技能、方法、思想之外的收获，还要由教学的具体内容决定。但是教师在进行教学或参与到学生的活动中时，要想到不能把教学的目标局限在某几个方面，应该以更广阔的视野看待教学，精心设计活动，让学生从每一天、每一节数学课中收获更多。

后 记

本书从一线课堂录入了大量的教学实例，供小学教师参考，以提高他们的课堂教学质量。

参加本书编写的人员还有：王子英、王木子、王立峰、田菁菁、孙千卉、孙慧颖、毕亚丽、李凤超、李诗群、严强强、罗丹、陈林一、岳睿、邹海兰、俞成俐、郭冉。

在本书修改稿完成后，厦门市槟榔中学吴金开、厦门外国语学校欧阳欣波、厦门一中黄小娟三位专家型教师对全书进行了认真的修改和校对。同时还要感谢东北师范大学附属小学王俊杰、王丽华，长春市第一实验小学王建勋、梁海伟，吉林省实验中学刘霞，哈尔滨商业大学金福吉，山东大学张丽军等各位老师的鼎力相助。

2012 年 10 月